U0139996

發揮最佳影響力的
六角溝通法

掌握對話底層邏輯，實現共同利益

史欣悅 ——— 著

高寶書版集團

目 錄
CONTENTS

第三章
實戰場景中的策略和戰法

本書讚譽

在世界越來越小、距離越來越近的資訊時代，每個人的行為以及溝通意識、能力、方式已成為其生存和發展的基礎與保障。史欣悅的《自洽》一書有助於自我向內去除 bug，這本書則有助於向外提速。它們相輔相成，相得益彰。這本書旁徵博引，深入淺出，許多內容讓我感同身受，也讓我耳目一新，豁然開朗。

——肖微，君合律師事務所創始合夥人

商業的本質是創造和交換價值，溝通則同時成就兩者，所以，溝通是個人基石的底層能力。這本書是我看過最簡單、最易於操作的溝通書。簡單是因為講得直擊本質，易於操作是因為作者作為一名著名律師和知識 IP，本身就是個溝通高手。知行合一的人講得最好用。

這是一本「社恐」看完能變「社牛」的書！

——古典，《拆掉思維裡的牆》作者、著名生涯規劃師

人生中絕大部分的問題都是人際關係問題。解決人際關係問題，關鍵在於溝通。溝通不能是情緒主導，火上澆油，而應該駕馭情緒，目標導向。史欣悅律師親歷過種種關鍵的溝通場合，這本書集結了他在溝通領域的精華見解，希望你能從中獲益。

——劉潤，潤米諮詢創始人

史欣悅律師作為一位談判高手，尤其善於把複雜的問題抽絲剝繭。這本書一方面是他為你破解溝通難題準備的一把「手術刀」，從多個維度剖析底層邏輯；另一方面，它又是一根「縫合線」，提供多個實戰案例和場景預設，為你串聯起完成關鍵性對話的思維模型。

——楊天真，壹心娛樂創始人、Plusmall 品牌主理人

這本書來自大量實戰的精心總結，立意不是逞口舌之強，也不是教大家如何表現出尖銳的進攻性，而是娓娓道來，溫和而有力，用意很善良，從睿智的角度講高影響力的話。這才是現實中更具價值的「說話之道」，也是高水準人士應該具備的思維模型。感謝史律師的無私傳授。

——姜振宇，微反應科學研究院院長、司法心理專家

看過不少關於溝通表達的書，史欣悅老師這本書無疑是該領域的「撥雲見日」之作。書中的「六角溝通模型」為我們拓寬了溝通的邊界，引導我們去關注那些更關鍵的，卻常常被忽視的知識與技能。溝通是一輩子的修行，但人們常常在錯誤的方向上過分努力，這本書越早讀到越好。

——湯質，B 站知識型 Up 主「湯質看本質」、

《關於說話的一切》作者

關於「會說話」這件事，太多人有誤解。油嘴滑舌、能說會道、巧舌如簧，這些都不能算會說話。史欣悅學長是我的朋友中最會說話的人。更難能可貴的是，他藉由這本書，系統性地教人成為一個會說話的人。說話的能力是人最值得投入的能力，也需要最擅長的人來指導。

——王一快，秘科技首席運營官、B 站 Up 主

這本書面向的是希望提升自己溝通能力的讀者。史欣悅是一名業界知名資深律師，有著豐富的溝通經驗。無論是對於「社恐」還是想要提升溝通能力的人，它都是一本極為實用的參考書。透過掌握書中提供的技能與知識，你就可以在多種場景下成為溝通高手，讓每一句話都有用，每一份心意

都能獲得好的結果。

——孟令悅，北京無二記文化傳媒有限公司董事長、

微博＠北京人不知道的北京事兒　博主

　　這本書很適合有些「社恐」卻希望提升溝通能力的朋
友。它讓人確信，良好的溝通能力並不依賴於天賦，而在於
正確的重複和對細節的不斷精進。真正的溝通能力需要內外
兼修，這本書不僅關注招數，也關注內功，它能讓你成長為
善於溝通的「六邊形」戰士。

——常金光，法天使－中國合同庫創始人

　　因為改編《令人心動的 offer 第二季》劇集的緣故，我有
幸認識了史律。如果學生時代就認識這麼個老師，可能那時
我的「社恐」、我的內耗、我不會溝通的毛病早就被這個溫
和的大朋友給治好了！衷心希望大家不要錯過史律的這本新
書！

——張巍，北京電影學院文學系教授、著名編劇

　　史律的新書系統性地拆解了溝通的技巧與策略。另外，
史律將多門學科，諸如賽局理論、行銷學、心理學等揉合進

了溝通技巧中，令讀者在閱讀中受益良多。看完這本書，我深感好多次我的關鍵性溝通都沒發揮好。這本書出晚了！

——G僧東，博主

我們在一個連結越來越緊密、節奏越來越快的世界中航行，有效的溝通是駛向成功的關鍵。史欣悅律師的這本書就像一座啟發我們、指引我們的燈塔。透過他的見解分享，讀者將獲得必要的工具來建立有意義的連結，建立信任，並影響他人。我衷心推薦這本書，並感謝史欣悅律師豐富了我們對溝通的理解，以及溝通在個人和職業發展中的關鍵作用。

——亞當·庫克（Adam Cooke），

國際律師組織 Multilaw 執行長

史律是一位在實務領域深耕多年，對語言溝通頗有心得的資深法律工作者，他的經驗源於實戰、源於覆盤，從書中的標題就很能看出作者的「匠心」與「誠意」。希望各位讀者能喜歡這本內容翔實、文辭暢達的溝通指南，也願我們都能言之有物、言之成事、言之寓理！

——李浩源，中國人民大學博士研究生

推薦序
做成想做的事，成為想成為的人

崔璀

優勢星球創始人、職場管理研究者

　　推薦這本書，是因為史欣悅律師（以下簡稱「史律」）的三個身分。

　　第一個身分，高敏感族群的一分子。

　　史律自認是高敏人。高敏人天生同理心強，想很多，情感豐富，在意別人的感受，話講出口前會反覆斟酌。溝通對這類人（好吧，是我們這類人）來說，並不是一件信手拈來的容易事。

　　所以當他在溝通中展示出了邏輯清楚、情緒穩定，甚至精彩紛呈的特質時，你可以百分之百相信，他經歷了一番自我修練，琢磨出了溝通的方法論，其中的一招一式都經過了拆解、提煉和總結，所以他的溝通方法尤其扎實。而且，這些方法他都「親測有效」。

　　第二個身分，一個工作了近二十年的職場人。

　　職場是一個神奇的地方，如果你願意，它將不遺餘力地督促你成長。因為每一天，你都會遇到新的難題。

- 客戶推翻了你第五版提案，而明天就是截止日期；
- 老闆把升職的機會給了另一個人，而你拚盡全力剛剛拿下銷售冠軍；
- 同事在會議上不動聲色地搶了功勞，而為了這個「功」，你連續加班了三個週末；
- 出發談判前，組長跟你說，必須拿下，而你才接手這個案子半小時；
- 業務會議上下屬當場發難，你想維護自己的領導權威，但心裡已成一灘泥沼。

　　我們在教育經歷中並沒有學習過如何在職場生長，就這麼闖進了這個複雜的環境。這個過程中的任何一個困難，都足以把人的志氣瓦解。

　　這些年我做職場教育，接觸了大量學員，更是深有感觸。能在職場中日復一日地活下來，且活出滿腔生命力，活出漂亮的業績，活得自洽的人，我稱之為「專業主義者」。稱職的專業主義者太少，因為它太難。這本書與其說是在講

溝通，不如說是一本職場人的成長寶典，從思維模型到心理素質再到表達溝通，都是實戰經驗。

走出自己那條路的都是珍稀物種，史律肯定算一個。珍稀物種，值得細細提取其經驗，並吸收、內化，變成自己的本領，支持我們走出屬於自己的路。

反正，我看這本書時是這個心態。

第三個身分，併購律師，律所合夥人。

在我創業之前，有過短暫的三年投資經歷。那段上氣不接下氣的日子裡，給我最大支持的就是合作過的律師夥伴。他們總是談判桌上情緒最穩定的存在，也是我深夜整理專案一籌莫展時最清醒的外掛大腦。他們要面對代理人的情緒、利益，成千上萬條條款、細節，談判雙方的商業利害關係，談判時的反覆拉扯……這一切不僅是智商的博弈，也是情商的展現。

史律把這份繁複的工作簡單總結成了兩個詞：「我擔任執業律師近二十年，主要工作就是說話與寫作，把各種相當複雜的事情、各種複雜的關係說清楚、寫下來。」看到這個總結，一方面我覺得他過於自謙，他所謂的說話與寫作，其實包含了心理學、經濟學、行銷學，當然還有法律等各學科知識；另一方面又覺得他概括得很準確。

　　透過複雜事物看到本質，透過複雜關係看到真實需求，經過精準且得體的溝通，達成合作，是我在這本書中看到的「說話」與「寫作」的本事。

　　祝你也能擁有這些本事，讓它們守護著你，做成想做的事，成為想成為的人。

讓真心有值得的結果

賈行家

作家，代表作《潦草》、《塵土》、《世界上所有的沙子》

　　想和大家分享一句話：「只要是在對話中的雙方，就永遠有共同利益。」藉由這句話，很多眼前的困擾、過去的謎團立刻就解開了，連《三體》裡的黑暗森林都有了一個新視角：宇宙間的文明彼此隱藏是因為沒有共同利益。

　　這句話來自君合律師事務所合夥人史欣悅老師的新書。

　　這本書中的諸多洞見不僅來自知識和觀察，而且來自實戰甚至整個世界的經驗。史欣悅老師在君合律師事務所從事了近二十年的國際法律業務，一直在世界各地參與大型企業的跨境談判。在參加完職場真人實境節目《令人心動的 offer 第二季》之後，他總結了自己多年來談判和溝通的方法，在影音網站和知識平台開設了溝通課程。

　　作為律界精英，史律師表達中的條理性和說服力自不待言，更難得的是他的表達富於妙趣，亦莊亦諧。有一回我們在桌上聽他講一個很長的段子，故事曲折，出場人物眾多，

涉及不同國家的文化，簡直比一部電影還複雜。在從頭至尾的十幾分鐘裡，他的「包袱」不斷，大家都聽得樂不可支。最神奇的是，一年多過去了，我仍然能完整地回憶起他那天講了什麼，可見他在安排敘事順序、節奏和注意力管理上的功夫。

在這本書裡，史律師教給讀者的也是這樣一種結構化的溝通思維。尋找並實現共同利益，是這本書的核心目標，「六角溝通法」是這本書的核心技能包。高明的溝通者要對複雜情況有深刻的理解和把握能力，從洞察對方的需求開始，抽絲剝繭地找到雙方利益的連接點，最終建立起商討和談判策略的模型。

相信在六角溝通法的幫助下，我們的真心都能有值得的結果。

自序
有言以對，是長期累積的結果

　　從《令人心動的 offer 第二季》，大家開始認識我，入駐影音網站後，我得到了很多年輕朋友的喜愛和支持。與此同時，我也收到了很多年輕朋友的問題，比如：

- 「在公司待了三年薪水沒調過，試探性地問人資能不能調薪，結果人資冷冷地說：『大家都沒調過。』在這種情況下，我該怎麼爭取調薪？」
- 「本身性格有些孤僻，但又不想總在聚會或群聊中做個旁觀者，老師對『社恐』有好的建議嗎？」
- 「跟父母無法溝通，只要一溝通，要麼吵架，要麼只能閉嘴，我該怎麼辦？」
- 「好朋友借錢不還，還總找各種理由推託，我該怎麼討債又不會得罪朋友？」

　　當然，還不只這些，以上都是比較典型且普遍的提問。

在我看來，以上這些年輕朋友遇到的煩惱問題，本源都是溝通問題，是由於溝通方法不當導致的。那麼，我們怎樣進行溝通才能化解生活和工作中遇到的各種問題呢？我們先來了解一個真實的案例。

蘋果公司剛剛起步時，需要一個新的執行長，賈伯斯就想邀請百事可樂總裁約翰．史考利加入。不過，當時的蘋果公司還是個名不見經傳的小公司，而百事可樂堪稱巨頭，所以史考利原本想婉拒賈伯斯的邀請。就在這時，賈伯斯說出了那句堪稱傳世典範的話，他對史考利說：「你想賣一輩子糖水，還是和我們一起改變世界？」這句話讓史考利大受觸動，毅然加入蘋果公司，並作為執行長執掌蘋果公司十年，將蘋果公司的銷售額從八億美元提升到了八十億美元。

賈伯斯是如何用一句話撬動史考利最核心的需求的？是急中生智嗎？

當然不是。關鍵原因就在於賈伯斯掌握了溝通的核心能力，這也是他作為一個溝通的頂尖高手長期累積的結果。

如果我們用溝通的原理和方法來分析就會發現，賈伯斯

綜合運用了溝通的各項能力。從步驟上來說，首先，賈伯斯
基於自身目標，也就是尋找一個行銷高手，做了充分的調查
研究和資訊收集，迅速鎖定了合作目標史考利。當時百事可
樂取得的成績，已經充分證明了史考利在行銷方面的能力。

　　其次，賈伯斯對史考利進行了深入的用戶痛點分析，並
巧妙地提出共贏方案，讓進一步溝通成為可能。他了解到，
當時的史考利對不夠完善的電腦使用有一定的抵觸情緒，因
此賈伯斯就告訴史考利：「我要改變人們使用電腦的方式。」
這一回答讓史考利開始轉變態度，為接下來雙方的進一步溝
通創造了機會。

　　再次，賈伯斯開始「帶節奏」，即雙方溝通談判的節
奏。兩個人在大半年的時間裡多次會面，展開了多次關鍵性
溝通，這既是在互通資訊，又是在溝通互相之間的利益和需
求。這就展現了賈伯斯把控多輪關鍵性溝通進程的能力。

　　最後，賈伯斯還展現了他在溝通中識別對手的能力。賈
伯斯精準找到了史考利「想要實現自我超越」的核心需求，
為他勾勒出美好願景，用史考利的話說：「賈伯斯喚起了我
心中壓抑已久的成為一名思想建築師的願望。」

　　由此可以看出，史考利並不是因為賈伯斯的一句話而被
打動的，這背後還有多種溝通能力的運用。如果我們也具備

這樣的溝通能力，那麼賈伯斯式「一語中的」的金口玉言也完全可以從我們口中適時地表達出來，從而有效地應對我們所面臨的各種關鍵性溝通。事實上，我們之所以容易在關鍵性溝通中如鯁在喉、無言以對，多數情況下是因為基本理念錯誤。簡單來說，溝通的出發點、關注點、落腳點一旦出現錯誤，就不可能達成共識，也不可能滿足溝通雙方的需求，取得彼此都想要的結果。

所以在本書中，我首先用系統性思維拆解了溝通能力的模型，釐清這項能力包括哪些模組，它是怎樣的複合系統，系統之間有怎樣的關係，等等。弄清這些，我們才知道自己該學習和練習，才能成為溝通高手。同時，我們還要弄清溝通中的立場與利益問題，以及如何衡量一場溝通成功與否。

其次，我在書中對構成溝通能力的六大模組進行了具體、深入的逐一拆解，讓大家明白溝通能力是由表達能力、思維能力、對人的認知能力、交換和創造價值能力、策略和賽局能力、外交能力構成的一種複合能力。想要掌握不同場景下的溝通技巧，就要不斷練習和提升自己的各項能力，全方位地為自己的溝通技巧賦能。

最後，我運用大量實戰案例，詳細地分析了如何展開一場關鍵性溝通，其中既包括溝通前期的準備，也包括溝通過

程中根據不同場景所運用的策略和技巧，以及如何有效識別各種溝通中的陷阱和誤區等，旨在幫助大家在具體實戰中找到最適合自己的溝通方式和溝通風格，從而更有針對性地進行溝通對話。

　　我擔任執業律師近二十年，主要工作就是說話與寫作，把各種相當複雜的事情、各種複雜的關係說清楚、寫下來。二〇〇九年以來，我每年都會在國際律師組織 Multilaw Academy 中為亞洲、歐洲、美洲、大洋洲等地區的多國青年律師講解跨境、跨文化的溝通與談判課程。在本書中，我與大家分享的溝通原理與技巧，就結合了自己多年執業和人際溝通的心得。二十年來，我完成了眾多看似不可能完成的談判，促成了許多幾乎無法達成的交易，也解決過多次對抗性的僵局，這些都離不開我的溝通能力。它幫助我在幾十億元的投資專案中突破僵局，也幫助我輕鬆化解日常生活中的很多難題。現在，我把這些知識分享給大家，就像分享給年輕時的我自己。

　　二〇二〇年，我參加了真人實境節目《令人心動的 offer 第二季》，在其中擔任帶教律師。在節目中，我對實習同學的溝通指導，與同學、同事、上司的溝通交流，獲得了許多觀眾的肯定。在節目觀察室中，以高情商、會說話著稱的何

炅老師、撒貝寧學長、楊天真老師，也對我在節目中的人際溝通讚譽有加。

本書送給剛剛長大成人的你，送給初入社會、在各種複雜關係中茫然無措的你，送給總是羞於表達、有些「社恐」的你，也送給想要在公共場合提升自己表達能力的你。我相信，藉由學習書中的知識和技能，你會蛻變為一個令人刮目相看的溝通者，你的眼睛會看到更多，耳朵會聽到更多，腦海中會想到更多，以前看似錯綜複雜的資訊，忽然就會清晰地展現在你面前；同時，你看待生活與工作的思維和格局會變得更寬廣，實際溝通也會更順暢。

在人生的這場旅途中，我和你一樣，也踏過坑、踩過雷、走過彎路，也曾經陷入自我懷疑，覺得自己就是一個不善於溝通的人。但是現在，我找到了方法，我願意在最合適的時候把這些方法分享給你，希望它真的可以帶給你幫助、帶給你轉變，也帶給你美好而璀璨的未來。

最合適的時候就是現在。

第一章
提高溝通能力要用系統性思維

　　說起溝通能力，很多人認為，溝通能力就是表達能力，或者溝通能力就是心理學，學會了讀心術，就能贏。但如果站在高處看整個溝通能力圖景，我們會發現，溝通能力其實是一個廣表的、有著複雜生態系統的「森林」，而表達能力、心理學知識都不過是這個「森林」中的幾片草地、幾棵樹木而已。只有真正具備了系統性思維，我們才能讓自己擁有出色的溝通能力。

用系統性思維來看溝通能力

有一位哲學家曾說，人生所有的難題都是人際關係問題。人與人之間產生關係，主要靠的就是溝通與對話。關係前進，是溝通順利的結果；關係倒退，甚至搞砸了，是溝通失敗的結果。

我們每天都在說話，大部分是稀鬆平常的話，但是在關鍵時刻、關鍵場合，對著關鍵的人，能不能把話說好，把需求溝通好，把事情談下來，往往會決定和左右著很多對我們個人來說很重要的結果。在這些時刻，你要怎麼溝通才更有效？要如何說服他人，才能透過談判達成一致？我想很多人都想知道。

小時候，我們和家長要個新奇的玩具總能如願，但不知從什麼時候開始，我們和周圍人的溝通就沒那麼順暢了。面對一個知心朋友或者一個貼心戀人，不知道怎麼回事，我們就被誤解了，好意也沒有達到好的結果。面對投資人、合夥人，明明我們有不錯的產品和絕妙的點子，卻不知道怎麼和對方恰當地表達。總之，各種複雜的關係都需要我們的連接和帶動，但我們面對這一切時卻經常感到力不從心。

由此，一些人會得出一個結論：我不善於說話，不會溝

通，不適合做談判類的工作。但我要告訴你，你的困難的確是真實存在的，但你對自己的這些負面結論卻是錯誤的。溝通、交流、談判，這些能力都不是天生的，而是後天習得的，它們並不需要你具備什麼天賦，只要有正確的認知，以及在正確認知下有針對性地練習，就能達成目標。

　　我相信很多人都看過一些教人說話的影片，或者上過一些關於溝通、演講、談判的課程，仍然覺得溝通、交流、談判是一門看不清、摸不透的玄學。實際上，如果我們用系統性的思維來看溝通、交流、談判就會發現，它是一個可拆可合的複合系統。弄清這個複合系統的組成部分，以及各個組成部分之間的關係，我們就可以用科學有效的方法來提升自己的溝通能力。如果我們將溝通高手比作一輛高性能的汽車，那麼它的卓越性能絕不僅僅表現在發動機上，也不是表現在車輪或車身材料上，而是表現在它雖然每個部分都很不錯，但需要搭配組合起來，再經過適當調整，才會變得非常厲害。

▒▒▒ 真正的溝通能力需要內外兼修

　　一些常見的溝通或談判課程，要麼側重於表達能力，要麼側重於所謂的溝通心理學，這些固然都是高效溝通所必

需的，但僅僅是表面上的能說會道，即使具有一些心理學知識，也不能讓一個人成為真正具有溝通能力的人。這也是我們看了很多關於說話的書，或者聽了很多關於溝通的課，卻始終感覺用不上的原因。

真正的溝通能力是需要內外兼修的，就像一個武林高手，他不但看得見對手拔出來的劍，聞得到對手使出的毒藥的氣息，還看得出對手未出的招，感受到對手的內力。會溝通的人，不但聽得見對方現場說出來的話，還聽得出對方沒有說出來的話，即弦外之音，從中感受到對方沒有表露的情緒，或者嗅出一絲一毫異樣的氛圍，最終根據對方的意圖，講出對方最關注的核心需求。

如果沒有掌握這些技能，我們就是盲的、聾的，無嗅覺、無觸感、無意識的。當我們具備了系統性的思維，練好自己的「兵器」，修練好內外功，就會驚奇地發現，我們原來可以感受到那麼多之前從未感受到的資訊。就像玩桌遊一樣，掌握最多資訊的那個人往往會成為最後的贏家，甚至是可以讓大家都贏的超級價值創造者。

▓ 溝通的真正目標是滿足需求

有人說，溝通的目標是交換資訊、說服對方，或者是盡

可能地讓雙方的意見達成一致。這些說法都沒錯，但都沒有打到靶心。

　　溝通的真正目標應該是滿足需求。展開來說，對話的雙方透過語言或文字互相確認需求，再透過彼此交換、調整和實現利益，最終滿足需求。在這個過程中，最核心的詞就是「需求」，而要滿足我們自己的需求，首先要讓對方的需求得到滿足。

　　我們想要租一個房子，前期看房時，我們已經確定了一個公寓的位置和裝修情況，對這個公寓也很滿意。接下來，我們就要和房東坐下來商量，我們的主要需求是房租在自己的預算之內盡量低，而房東的需求是收到房租，並在自己的租金底線上盡量高。由此，我們和房東商量租金的過程，就是一個釐清雙方需求，然後交換利益，滿足各自需求的過程。

　　在這個過程中，我們與房東之間不僅僅是資訊交換，也不僅僅是彼此說服。如果房東想以每月一萬五千元的價格把房子租給我們，而我們非要說服他每月只收一萬元，那是不可能的事。但如果我們能看到更多的利益點，就可以藉由調整付款週期、押金比例，或者重新分配雙方的責

任等方式來有效交換需求，達到降低租金的目的。

　　既然溝通的目標是滿足需求，那麼一次溝通或談判是否能成功，關鍵就在於我們的需求是否得到了滿足。所以在談判之前，我們要釐清自己的需求下限是什麼，比如在上面的案例中，月租金不超過一萬四千元就是我們的需求底線，只要房東能將月租金降到一萬四千元，就說明這是一次成功的談判。

▓▓ 利用需求交換表確認溝通是否成功

　　很多人都有一個誤區，認為在對話、溝通或談判中，自己一定要贏，一定要徹底說服對方同意自己的意見，否則就是失敗。

　　這是一個錯誤的目標，因為它沒有釐清自己的需求，也沒有看到對方的需求，只是企圖將自己的立場和主張強加到對方身上。這是不能產生溝通價值的，得出的結果也無法持續執行。

　　這裡送你一個小工具，在準備進行一些關鍵性的溝通前，你可以畫一個需求交換表（如表 1-1 所示）。

表 1-1　需求交換表

	我的需求	對方的需求
必須達到的	↖	↗
可以交換的	↙	↘

首先，在表內分別列出自己的需求和對方的需求，在每一方的需求中，還要區分出哪些是必須達到的需求，哪些是可以交換的需求。**溝通的過程，就是用我們可以交換的需求去滿足對方必須達到的需求，同時，對方也要用他可以交換的需求來滿足我們必須達到的需求**。最終，這個表格上如果能形成一個交叉形狀，也就是雙方必須達到的需求都滿足了，就說明這場溝通成功了。

當然，現實生活中的各方需求，以及必須達到的需求和可以交換的需求，都是可能發生變化的。這個表格只是我們在準備溝通時的一個出發點，後期隨著溝通的進行，你也可以隨時對其做出調整。

在溝通完成之後，我們可以再評估一下，看看自己必須達到的需求是否得到了滿足。如果都滿足了，這次溝通對我們來說就是成功的；如果對方必須達到的需求也滿足了，那我們可以說，這是一場創造了價值的關鍵性溝通。

提升溝通能力的途徑和階梯

在《觸龍說趙太后》這篇古文中，當時強大的秦國要攻打趙國，以趙國的實力根本抵抗不了秦軍的攻擊，迫不得已只好向齊國求救。

在當時的歷史背景下，如果一次軍事行動對自己的國家沒好處，那麼這個國家是不會出兵的，所以齊國便趁機提出條件，要求趙國將趙太后的小兒子長安君送到齊國當人質。深愛自己小兒子的趙太后自然不願意，因為到別國做人質不但危險，而且一旦兩國關係破裂，人質就會有生命危險。

這讓趙國的大臣很著急，紛紛到朝堂上勸諫趙太后，希望趙太后為了趙國的社稷安危，將長安君送去齊國當人質。雖然大臣們說得很有道理，但趙太后就是不答應，最後甚至放出狠話：「誰再敢提把長安君送去齊國做人質，我就把唾液吐在他臉上！」

就在大臣們一籌莫展的時候，觸龍來拜見趙太后。不過，觸龍沒有像其他大臣那樣直接勸諫趙太后，而是先從自己的身體情況說起，表示很關心趙太后的身體。見趙太后臉色緩和下來，觸龍又故意提出想讓自己的小兒子在王

宮內充當衛士，表示很關心小兒子以後的生活，甚至比趙太后還疼愛自己的孩子。趙太后不服，說父親難道比母親更愛自己的孩子嗎？這時觸龍抓住時機，說父母都愛自己的孩子，都應該「為之計深遠」。如果像趙太后這樣，執意將長安君留在身邊，長安君無法為國家立功，以後就沒有可憑藉的東西在趙國立身，那時他的處境就悲慘了。

　　這段話終於說服了趙太后，讓趙太后同意將長安君送去齊國做人質。

　　很多時候，尤其在面對高風險、情緒化和充滿爭論的溝通和對話中，如果看到有人能夠輕鬆化解危機，我們的第一反應往往是對那個人佩服得五體投地。我們可能從來沒有想過，這樣棘手的問題原來也能如此輕鬆地得到解決，這種能力的確令人嘆服。有些人在羨慕之餘可能還會說一句，「這是天賦，我學不來」。

　　這真的是一種學不來的天賦能力嗎？我要告訴你的是，這並不是什麼天賦，你完全可以習得這種能力，並且讓自己成為有效的溝通者。

　　我們常說一些人本事大，善於溝通和處理問題。這主要源於他們具備三個維度的優勢：知識、技能和態度。學習一

門知識和掌握一項技能，其提升方法是不一樣的，我們需要先從書本學習知識，**沒有知識的支撐，技能就無從談起**。但是，技能的練習更加重要，否則，我們學到的知識就像在書上學到的如何游泳或開車一樣，就算把這些內容和方法背得滾瓜爛熟，在現實生活中也無法真正會游泳或開車。

藉由知識的學習和技能的訓練，最終我們會轉變態度，以現有的新認知替代過去的舊認知。這種態度的轉變是多方面的，比如，我們看待自己的態度會有所轉變，不再被情緒牽著走；我們看待他人的態度也會發生改變，過去討厭的人現在看起來也不再那麼討厭了。即使是之前不知道怎麼滿足自己需求的人，現在看待溝通的態度也會改變，知道溝通這種複合能力不是靠天生的能說會道，而是靠後天的學習和訓練習得的。從這以後，我們也會走上一條不斷精進自己、讓自己成為溝通高手的順暢大道。

從上面的總結可以看出，提升溝通和對話能力的途徑和階梯就是技能的提升，而提升技能的關鍵則在於日常練習。關於練習，我向大家提供兩個核心原則。

正確的重複

巴菲特的合夥人查理・蒙格說過一句話：我們不需要新

的思想，我們只需要正確的重複。這其實也是一種在不確定性中尋找確定性的思考方式。透過這種方式，我們可以不斷提升整體的成功率，並且在此過程中，還可以藉由不斷學習提升自己的認知，包括從每一次失敗的回饋中學到東西，進而不斷反覆運算自己。

畫小圈

畫小圈的意思是說，針對某些概念、知識點等，我們可以先把它們拆解成小的、簡單的知識點，然後刻意練習每一小部分的細節，將每個細節都練習通透，繼而不斷精進。比如練習彈一首樂曲，一次彈不下來，就分小節練習，甚至一個音符一個音符地練；學游泳時，我們可以從練習漂浮、呼吸、打水等基本技能著手，最後組合起來，便能掌握在水中穿行的新技能。這種方式可能會慢，但很有效果。

在具體的練習中，我們既要認真學習提升溝通能力的知識，又要遵循這兩個核心原則來練習技能，這樣，我們對自己、對他人、對需求、對溝通能力、對個人能力的提升與成長方法等，才會有嶄新的態度。關於如何運用正確的重複和畫小圈這兩個途徑與階梯來提升溝通能力，後面的內容裡會有詳細的闡述。

別讓立場掩蓋了利益

　　成功學大師戴爾‧卡內基曾經租用一個旅館的大禮堂來講課，有一天，旅館經理通知他，禮堂的租金要提高三倍。

　　卡內基一聽，就去和經理交涉：「如果我是你，我也會這樣做，因為你的職責就是讓旅館盈利。」接著，卡內基為經理算了一筆帳，如果將禮堂出租用於辦舞會、晚會，當然盈利很多，「但如果我離開了，那些成千上萬聽我講課的中層管理人員也就離開了，而他們光顧這裡，是你花再多錢也買不到的活廣告。對比一下，哪樣更有利呢？」最終，經理被卡內基說服了。

　　很多時候，我們的溝通、談判都是為了利益，但一些人在溝通過程中只關注彼此立場的不同，希望在立場上達成共識，比如：

- 「這種做法不符合我們公司的一貫政策。」
- 「到底是聽你的，還是聽我的？」
- 「這是原則性問題，我們沒什麼好談的。」
- 「在這個問題上，我們必須和其他人保持一致。」

　　強調立場當然沒有問題，但如果在一些關鍵性溝通中只強調立場，不但容易使溝通陷入僵局，還會忽略一個更重要的問題：利益。事實上，關鍵性溝通的真正核心在於利益，利益驅動著我們的行為，也是溝通雙方立場爭執背後的動機。雖然大家所站陣營不同、立場對立，但不可否認的是，對立的立場都是緊緊圍繞利益產生的。只有清楚地看到利益所在，才有可能實現成功的溝通。所以，**真正的溝通一定要懂得拋棄立場式對話，從立場中剝出真正的利益來。**

▒ 剝開立場看利益

　　在關鍵性溝通過程中，分不清立場和利益，溝通就難以進行。善於溝通的高手，往往都是從利益和立場的分水嶺中走出來的。

　　我們要如何區分立場和利益，或者說，我們怎樣才能剝開立場看利益呢？

　　舉個例子，假如你的女友要出國旅遊，碰巧你有事去不了，跟女友溝通幾次後，彼此都沒有說服對方。最後女友生氣地對你說：「到底是聽你的還是聽我的？」

　　通常這句話一出口，雙方就會陷入僵持狀態。從溝通

的角度來說，這句話還是一個對立場的宣誓，女友的立場就是「你要聽我的」。如果你態度比較蠻橫，對女友回擊道：「憑什麼都聽你的？」雙方立刻就會陷入權力鬥爭之中。如果你態度和緩一些，對女友說：「這不是聽不聽你的問題……」說明你已經從立場談話開始向利益談話轉換了。

所以，要剝開立場看問題，最常見的就是以探求的口吻、解決問題的口氣，與對方一起弄清問題的真正所在。比如上面的案例中，在與女友深入溝通後，你最終搞清楚了兩件事：一是女友的朋友出國旅遊，拍了很多美照發在社群媒體上，女友羨慕了；二是你們兩個人已經很久沒有一起旅遊了，女友想跟你一起出去玩。這兩個利益點對應的就是女友的兩個需求：一是也像她的朋友一樣，拍美照，發社群媒體，獲得朋友的認可；二是跟你一起出去玩，增進情感關係。弄清女友的這兩個需求後，接下來就是尋找具體的解決方案了。

關於解決問題的方案，我向大家推薦一個模型：「拆開立場的包裹」（如圖 1-1 所示）。

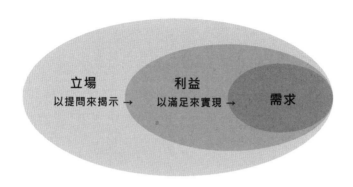

立場
以提問來揭示 →

利益
以滿足來實現 →

需求

圖 1-1 「拆開立場的包裹」模型

　　在這個模型中，立場是外殼，利益是內容，需求是利益的目的，利益的實現就是需求的滿足。當對方向我們表明一個立場之後，相當於發了一個快遞包裹給我們，我們想弄清對方的真實意圖，就要小心地拆開包裹。而拆開包裹的剪刀就是合適的問題。我們透過提問來看清「包裹」裡面的內容，也就是看到對方的真實利益所在。滿足這個利益點，就滿足了對方的真實需求。

　　掌握了這一模型，在聽到對方的關鍵性話語後，就要先判斷這是立場還是利益。如果是立場，就先拆開「包裹」，看清利益反映的需求是什麼，再與對方討論利益的問題。我們要讓這種思維方式成為頭腦中自動運用的一套程式，就像看到天色陰暗，就知道要下雨一樣，成為一種自然反應。

▓ 始終堅持共同利益

在任何關鍵性溝通中，居於首位的都是對利益的判定和共識。雖然我們和對方立場是對立的，但不可否認，對立的立場背後都是對利益的需求，這種利益既包括相互衝突的利益，也包括共同利益。在大多數關鍵性溝通中，只要考慮到自己的潛在利益，就會發現共同利益要遠遠多於相互衝突的利益。

在合作和交易中，有些共同利益很明顯，只要雙方達成協議，就可以各取所需。比如，我下班的路上在街邊花店買了一束花，我拿到了花，花店老闆拿到了錢，成交就是我們的共同利益。如果這時天色已晚，甚至快要下雨了，我或許還能用比較少的錢買到許多花，因為花過夜後就不新鮮了，花店老闆想快點清倉，所以他願意降價賣給我。這時我們雙方的共同利益就很明顯了。

但是，在一些對抗性的溝通場景下，共同利益就沒有那麼明顯。比如，現在一些電商網站會發布推廣圖片，一旦圖片中用到某個明星的照片，該明星可能就會認為電商網站侵犯了自己的肖像權，接著向電商網站發律師函，要求賠償。表面上看，電商網站與明星之間似乎沒什麼共同利益，電商賠付給明星一筆錢，自己就少了一些利益。然而事實上，雙

方仍然存在共同利益，這個共同利益就是避免訴訟。因為對明星來說，他們必須阻止這種照片侵權現象，否則盜用現象會越來越多，但到法院起訴不但時間長，手續還很繁瑣；電商平台面臨同樣的問題，並且如果敗訴，還會影響聲譽。基於這樣的共同利益，他們就會坐在一起進行談判。

所以請記住：只要是在對話中的雙方，就永遠有共同利益。哪怕雙方的對話是對抗性的，甚至是充滿敵意的高聲指責，也不影響他們之間的共同利益。如果雙方實在看不到共同利益，避免損失也屬於共同利益。尋找共同利益有一個基本的思考方式，就是逆向思維，也就是假設雙方不談判，接下來會發生什麼事，或者會對彼此造成什麼損失。用這樣的方式，就可以看清雙方的共同利益。

總之，共同利益是突破對話僵局的一把鑰匙。在關鍵性溝通中，始終堅持共同利益，強調共同利益，是有力推動溝通對話的不二法門。

▓ 升級自己的「雷達系統」

既然關鍵性溝通都有共同利益，那為什麼有些時候我們看不清共同利益，更找不到共同利益呢？

原因是一些因素影響了我們對共同利益的找尋和判斷，

其中最重要的因素就是我們自己的情緒。尤其在溝通一些對抗性比較強的問題時，如果我們過於注重自己的情緒，就容易忽略交談的重點，把本來可以在很大空間內完成的利益交換，變成了自我束縛的立場堅持。一些談判高手雖然也有情緒，但他們能把自己的情緒控制在一定範圍之內，不讓情緒影響正常對話的進程，也不會讓情緒製造出更多的障礙，遮蔽關注共同利益的眼睛。所以我經常強調兩句話：**第一，要把人的問題和事的問題分開；第二，談判中最不重要的，就是我們自己的情緒感受**。

大多數人對自己的感受很敏感，對別人的冒犯反應也相當強烈，一旦被冒犯，第一個反應就是「我好氣」、「我好煩」、「我好無奈」，我把這稱為「1.0 版天然情緒雷達系統」，這也是很多人與生俱來的特質。

但是，想要在一些關鍵性溝通中減少自我情緒的影響，實現從外行到高手的轉變，我們就要升級一下自己的「雷達系統」，將重點放在「掃描」對方的立場和情緒上。這套升級版的「雷達系統」我稱為「6.0 版感知雷達系統」，它涉及六個方面，分別為眼、耳、鼻、舌、身、意。具體來說，就是在關鍵性溝通中放下自己的情緒感受，讓自己的眼睛找尋的、耳朵聽到的、鼻子嗅出的、口中表達的、身體姿態體

現的、意識始終放不下的，都是對方的利益和需求，以及雙方的共同利益。我們的「雷達系統」只有不再向內關注自己的情緒感受，而是敏感地向外體察對方，剝開溝通中對方的立場和情緒，分析出對方的利益點和真實需求，再和自己的需求相互配合，才更容易將交談的主動權掌握在自己手中，並最終與對方在利益上達成共識。關於「6.0 版感知雷達系統」的使用方法，我在後面會有詳細闡述。在學會使用它之前，我們可以先做一件事，就是在關鍵性溝通中練習關閉那套「1.0 版天然情緒雷達系統」，讓自己的「雷達」向外掃描。如果你一時找不到「雷達」切換的感覺，我還有一個工具給你，那就是「肩膀上的人」。它本來是一個心理諮商工具，目的是讓心理諮商師跳出自我，觀察自己與來談者的互動關係。

　　心理諮商本身就是對話和溝通，所以「肩膀上的人」也可以引申到其他溝通場合。我們可以想像一下，這個人不是我們，但「他」可以和我們溝通，幫我們看著對方，也幫我們看著自己。一旦我們過度地進入自己的情緒感受或執念之中時，「他」就會跟我們說「嘿，你的雷達用錯了」，以此來提醒我們關閉那個向內的「1.0 版本」，打開那個向外的「6.0 版本」，從而走出溝通的僵局。

第二章

六角溝通法：技能和思維的應用模型

　　在日常生活和工作中，溝通都非常重要，但我們發現，不是每一場溝通都能得到自己滿意的結果，或者讓雙方的需求和利益得到滿足。任何溝通都是發生在特定的情境之中的，要實現有效溝通，首先要提升自己的表達能力和思維能力，對自己和所面臨的複雜事物具有清晰的認知與理解；其次要提升對對方的認知能力，以及與對方的互動能力和賽局能力，將問題完美解決；此外，還要提升與溝通之外其他人有關的外交能力，獲取更多人的支持和幫助。具備這六項技能和思維，我們才有可能完美地解決生活和工作中很多重要的問題。

六角溝通法的組成模組

　　很多人可能都有過這樣的經歷：在生活中，與家人和朋友溝通，明明是為對方好，結果卻不歡而散；在工作中，與上司和同事對話，明明出發點是好的，或一切都是為了工作，結果卻讓對方產生強烈的抵觸情緒，令談話陷入僵局。

　　回憶一下，我們當時都是怎麼做的？我相信不少人要麼束手無策，隱忍不發，任由事情朝著對自己不利的方向發展；要麼怒髮衝冠，說一些讓自己事後後悔的話，讓事情變得更糟。但是，也有一些人可以很好地處理這樣的問題，既不會傷害對方，又能恰當地表達自己的觀點和訴求，進而解決問題，達成目標，滿足雙方的需求。這些人究竟是怎麼做到的呢？

　　簡單來說，是因為這些人掌握了關鍵對話的能力。關鍵對話一般發生在一些關鍵時刻。

　　要在關鍵時刻「有言以對」，我們需要掌握六角溝通法。首先我們要知道這一能力有哪些組成模組。搞清楚這些模組，我們才能評估自己在這個能力體系中處於什麼位置。六角溝通法，顧名思義，就是有六大模組，接下來我們逐一認識一下它們。

▓ 表達能力模組

應對關鍵性對話當然需要說話的能力，也就是表達能力，但是侃侃而談，甚至口若懸河，並不等於表達能力好。表達能力必須緊緊圍繞著自己的需求和對方的需求發揮作用，這一點我們要先明白。

▓ 思維能力模組

思維能力包括對複雜事物的理解能力和邏輯思維能力。我們在生活中面臨的關鍵性溝通一般都是重要的事情，所以處理起來比較複雜。即使是租房子這樣的事，除了租金，我們還可能要面對管理費、水電費、租期、房間內的家具、房東存放物品等因素。如果要租個廠房，那就更複雜了。

在關鍵性溝通中，一個常見的問題就是其中一方或雙方對眼前所面臨相對複雜的事情理解不透，摸不清頭緒，因此半天也說不到重點。這就是欠缺思維能力導致的。

比如，我在工作中遇到的談判，每件事都涉及企業經營、商業考量、組織結構調整、法律規制等，想要與客戶進行良好的溝通，我就必須運用自己的思維能力，對整個事件有足夠的了解，同時對自己負責的部分有深刻的把握，才能推動這場複雜的對話有進展。如果不具備這種能力，我的談

判是很難進行下去的。

▦ 對人的認知能力模組

　　對人的認知能力主要包括對人的認知、對文化背景的認知、對組織和管理的認知等。

　　在溝通過程中，認知對手很重要，不認知對手，就不知道對方的需求，也就無法藉由交換需求達到對話的目的。比如，我們要從孫悟空手裡買金箍棒，和從豬八戒手裡買釘耙，溝通方式肯定是不一樣的，因為我們太了解這兩位的個性特徵了。

▦ 交換和創造價值能力模組

　　交換和創造價值的能力是商業能力的核心。我們一直在強調，溝通的過程就是需求的交換過程，但如何交換，哪些交換是對等的，哪些交換又是吃虧的，這些都需要我們對價值有基本的判斷，並且還要能設計出大致公平的交換形式，才有可能促進溝通的成功。

　　每一次交換都是一次價值增加的過程。無論是物品還是服務，如果不交換，它只有本身的使用價值，一旦交換，交換價值就創造出來了。更進一步說，那些本來難以達成一致

的事情，對話者運用各種能力促成了各方意見統一，這就是在普通人看不到價值的地方創造出了交換價值。越是看起來不可能的事，最終達成了一致，對話者創造的價值就越大。商業律師界有個獎項，叫「最佳交易撮合獎」，英文為 Best Deal Maker，直譯就是「最佳交易製造者」。這件事之所以值得頒發一個獎，而且還是非常有分量的大獎，就是因為「製造」一個交易的過程就是創造價值的過程。

　　這項能力也是很多企業家所具備的特長。如果能掌握這項能力，我們就能在一些關鍵性溝通中發揮重要作用，並且幫助我們成為一個可以促成交易的價值創造者。

▓ 策略和賽局能力模組

　　賽局是一個局面，在這個局面中，參與者為了獲得最大收益而採取一些行動，同時也要兼顧其他參與者的行動對自己的影響。下棋、打牌就是最常見的賽局形式。為了獲得利益、滿足需求的對話，也是賽局。在賽局的局面中，你計畫採取的行動，你預測對手的行動，你在不同行動方案下的利弊分析，就是策略。可以說賽局能力是你對一個局面的解讀能力，策略是你在特定賽局下的應對能力。

　　很多人喜歡在溝通中講策略，策略的確是溝通過程中

一個重要的因素，但我認為，溝通中更重要的是如何運用策略。胸中滿是韜略，一上戰場卻不會了，那就成了紙上談兵的趙括。我們練習溝通能力，並不是要具備諸葛亮那樣的雄才偉略，而是要弄清什麼是有策略的溝通，如何在溝通中有效地運用不同的策略，以及看懂對方在溝通中所運用的策略，再採取相應的策略加以應對。

策略並沒有什麼玄機，我們先要消除它的神祕感。溝通策略本質上就是先說什麼和後說什麼，什麼該說和什麼不該說，以及哪部分由誰來說，對方回饋後我們該怎麼應對，等等。把這些問題搞清楚了，你就不再覺得策略難以把握，也不用擔心別人對你使用計謀了。

░ 外交能力模組

我們在新聞中經常看到那些高級外交官有著突出的外交能力，並且還能把六角溝通法中的六大模組都整合和運用得很好。在對話中，怎樣為自己爭取到最大的支持，怎樣讓自己遭受的阻力變得更小，都需要發揮外交能力。

以上六大組成模組中，表達能力和思維能力可以構成一個大的板塊，這是我們自身應具備的能力；對人的認知能力、交換和創造價值能力以及策略和賽局能力可以構成另一

個大的板塊，它讓我們學會識別對方，具備與對方互動的能力；外交能力則是一個單獨的板塊，是一種與他人有關的能力。如果將這六大模組的能力匯聚在一起，並形成一條能力流，那麼你的溝通能力就會如「黃河之水天上來」一樣了（見圖 2-1）。

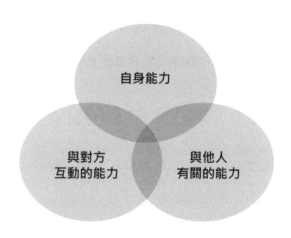

圖 2-1　關鍵溝通能力的三大板塊

在後面的內容中，溝通技能的提升和思維應用的模型都是緊緊圍繞這六大能力模組展開的。這裡我要向大家提供一個小工具：六邊形能力圖（見圖 2-2）。

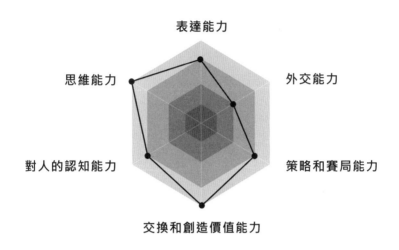

圖 2-2　六邊形能力圖

　　在這個圖中，每個點代表了六大能力模組中的一種能力，能力越高，越向外延伸。我們可以先對自己的溝通能力做個評估，看看自己的能力圖是什麼形狀的。等讀完這本書，並運用其中的方法進行系統學習後，再評估一下自己的哪種能力模組獲得了成長。

表達能力：會說的關鍵在於會聽

　　在現實生活中，有些溝通比較友好，可以順利進行；有些溝通是對抗性的，一上來就會陷入僵局。後者這樣的溝通要如何進行，或者如何把這樣的溝通轉換成前者那樣的溝通呢？這就需要我們具有過人的表達能力，不但能夠聽出對方的真實訴求，還能有效地表達我們自己的觀點。

　　比如，你剛剛向客戶陳述了一個工作提案，但客戶卻表現得不以為然，甚至對你的提案和陳述多有指責，這時你該怎麼辦？

　　通常情況下有兩種應對方式：一種是跟客戶硬碰硬，你批評我的提案，我不接受，我要跟你爭論；另一種是和客戶妥協，客戶說得全對，我回去改。

　　在我看來，這兩種應對方式都不理想，因為它們都沒有與客戶建立起對話與溝通的關係，無論哪種方式，都關閉了對話與溝通的大門。

　　溝通的真實目標是發現利益和滿足需求，所以，我們應該從利益和需求的角度出發，重新梳理我們表達的能力和方式，透過有效溝通實現彼此的目標。而想要具備出色的表達能力，核心的底層能力是先學會傾聽和思考。

▒ 在關係中傾聽需求

俗話說得好：會說的不如會聽的。能否準確聽懂別人話中的意思，聽出別人的需求，是有效表達的前提。對方要表達什麼、需要什麼，我們沒有搞懂，那麼接下來的表達也會是雞同鴨講，成為無效表達。

要聽懂別人的意思，首先要記住一點，就是釐清溝通雙方的關係。我們常說，談話是當下場合的藝術，溝通是關係的體現，溝通不放在關係中就沒有意義。不同的人、不同的關係，說同樣一句話，體現的涵義也不同。

最簡單的一句話：「你這兩天看起來很累。」如果父母、上司和戀人分別對我們說，涵義就完全不同。父母說，可能是關心我們的健康狀況，這是他們多年的習慣，另外也可能是想和我們製造聊天話題。上司說，一方面是出於對我們的關心，顯示出他是個體貼下屬的上司，想增進與下屬的關係，尤其在工作比較多的情況下；另一方面，也可能是在觀察我們，這幾天工作不多，但我們看起來有些累，是不是在做其他事情？戀人說，首先也是關心我們，其次可能覺得你們最近一段時間缺少交流，對方希望得到更多陪伴。

　　由此可以看出，在不同的時間點、不同的場合和情境中，簡單的一句話往往包含著不同的意義。

　　我們在工作中有時會遇到以前的談判對手，大家見面寒暄時，可能會說：「我們又見面了，記得上次談判還是三年前呢！」對方回答：「怎麼能不記得呢？」

　　這個回答就至少包含了三種情況：第一種語氣是友好的，表示上次溝通得不錯，棋逢對手，今天再見面很親切；第二種情況表示這是他經手的案子，他都記得；第三種情況是有情緒的，比如上次吃了虧，回去後就後悔了，所以心裡一直記恨著。

　　這就提醒我們，在傾聽別人說話時，一定要放在關係裡去傾聽。給你一個簡單的口訣，就是：**在關係中傾聽需求**。不同的關係，會有不同的需求，比如，親子關係的需求有陪伴、照顧、理解；戀愛關係的需求有陪伴、依戀、關心；上下級關係的需求有工作品質好、尊重上級、關懷下屬；客戶關係的需求也有工作品質好，同時還有一種「你是唯一客戶」的特殊待遇感；等等。

　　關係和需求，就是我們傾聽別人說話的解碼器。如果缺

乏關係和需求意識，我們聽到別人說的話就是亂碼。所以，下次我們在公司裡開會或面對客戶時，不妨仔細觀察一下，看看發生溝通與對話的人之間是什麼關係，便可以洞悉溝通者各自的真實需求了。

▓ 表達的三對概念

　　金庸先生的小說，在序言的開頭總是會寫上兩句話：「小說是寫給人看的。小說的內容是人。」

　　在武俠小說裡，那些刀光劍影都不過是一層外衣，作者真正要傳達的永遠是「人」的思想。只有裡面的「人」，才能真正吸引讀者。

　　溝通表達也是如此，話永遠都是說給別人聽的。在傾聽別人的表達時，我們也需要了解對方不同類型的表達所傳遞出來的不同涵義。

　　要弄清表達的類型，我們先要了解一下表達的概念。概括起來說，表達可以分為三對概念，分別為**觀察和事實、感受和判斷、請求和要求**。

1. 觀察和事實

有人說，觀察就是事實。我要明確告訴你的是，這個觀

點是不對的。**觀察不是事實，只是觀察者認為的事實**。有人面對一件事時常常會說：「這不是明擺著的事實嗎？」就算這件事對我們來說真的是明擺著的，但對別人也不見得。所謂「明擺著的事實」，只是我們所觀察到最突出的特點而已。

現在很多人都喜歡熬夜追劇，這件事就會有很多層次的事實。站在我們自己的角度，我們的描述可能是：「這部劇我連續看了很多集，很快就追上進度了」；站在家人的角度，他們的描述可能是：「你一週內已經連續三次熬夜追劇了」；站在醫生的角度，他們的描述可能是：「你雙眼充血，頸椎和周圍肌肉僵硬」。

很明顯，這三句話說的都是事實，不帶有任何的感受和判斷，但描述出來的卻完全不是同一回事。

有一句話叫「真相只能接近，無法還原」，即使是法官斷案，也是依據法庭認可的證據建立一個判決書上的事實，這個事實也不完全等同於實際發生的事實。

因此，我們在表達時要清楚地知道，我們所描述的話語只是在描述自己觀察到的「事實」而已，它並不等同於事實，我們也不要將其當成事實。

2. 感受和判斷

感受和判斷都是主觀的，但我們要將兩者區分開來。比如，你的女朋友對你說：「我覺得你對我不好。」你認為這句話是感受還是判斷？

在很多人看來，似乎以「我覺得」、「我認為」、「我感覺」等開頭的話都是感受，但這句話卻是一句判斷。感受是發自內心的一種感覺。如果女朋友跟你說「我覺得很傷心」、「我感覺很失望」，這些都是感受。判斷是給別人下結論，比如「我覺得你對我不好」這句話就是在評判對方，而不是發自內心的感受。

通常，表達感受的句子會先有一個觀察的事實，繼而加上一個自己的情緒描述，即「觀察＋感受」的句式，如：

- 「我考試失誤了，我很沮喪。」
- 「你最近又買包包又買手機，我有點擔心開銷情況。」
- 「他們沒有答覆，我感到很失望。」

在「我覺得」、「我認為」、「我想」等作為引導的句子後面還有其他人稱代詞的，多數屬於判斷，如：

- 「我覺得我應該考得更好。」
- 「我認為他們會給我一個答覆。」
- 「我想你最近花的錢有點多。」

判斷通常有三種表達形式，分別為**評價、比較**和**歸責**。

在說話時，如果我們的話語中使用了對他人的形容詞，一般都是評價。比如在看到姚明後，我們可能會說：「哇，姚明你好高啊！」這就是一句評價。其中的「高」字，就是我們基於姚明的身高這個數據事實與人體平均身高數據比較後做出的評價，也是我們基於個人觀察所給出的評價。

比較很容易理解，比如看到一個人身材矯健，我們可能會說：「你好像運動員啊！」這就是一種比較。

在運用比較時要注意的是，盡量謹慎使用一些有奉承意義的比較，尤其不要拿對方與其他人做比較，否則容易引起對方的不快。比如，我們剛認識一個女生，為了拉近與對方的關係，於是跟她說：「我覺得你長得很像我們公司的小李。」無論這個女生是否認識小李，她心裡都不會高興，哪怕我們馬上補充「小李是我們公司最漂亮的女生」也沒什麼用，對方心裡也許會想：誰知道小李是個什麼樣的人！

歸責就是把一件事的責任指向別處或他人，比如：「我

最近工作太累了，所以才又開始抽煙。」、「都是你影響我，我的車才撞到了樹上。」這些歸責也是判斷。但是，任何事物之間的因果關係都不是這麼簡單的，所以這種判斷大多數情況下都是在推卸自己的責任而已。

3. 請求和要求

我們與他人的溝通對話，最終都將落在請求上。彼此之間有了請求，也就有了用利益交換來滿足彼此需求的實際操作過程。表達中要如何提出請求呢？這裡有兩個原則：

第一，請求對方做出的動作要具體。比如，在商務談判中，如果我們跟對方說：「我們希望您能夠展現出誠意。」這個請求就不夠具體，對方也肯定會提出反駁。但如果換一種說法，如：「我們是很有誠意達成這個交易的，也希望您展現一下誠意，將價格降 15%，這樣我們也會認真考慮一下您對最低採購量的要求。」這就是具體的請求，並且提出了交換利益，讓對方知道我們不是在請求他白白讓步。

第二，請求沒有得到滿足時不能用懲罰。如果一個請求沒有得到滿足，就會招來懲罰，那就不是請求，而是要求，或者是強制的命令。比如，在團體宿舍裡，我們對自己的室友說：「你能不能把快遞收拾一下，別堆在門口？」而對方

回答：「我正在做飯。」這時我們可以說：「你正在忙是吧？那你忙完後收拾一下可以嗎？」這就是請求。

但如果對方說他此刻正忙，我們又說：「你就是這樣邊裡邊邊，喊你還喊不動！」這就不是請求了。因為對方拒絕後，我們給了對方一個負面評價，請求就變成了要求。

▒ 用正確途徑解決問題

在溝通過程中，不論是口頭的還是書面的，想有效表達，都要學會描述自己的觀察、表達自己的感受和提出自己的請求。因為這種表達方式對應的是我們的需求，而滿足需求才能真正滿足我們的利益。

相反，如果我們在表達時總是強調「這就是事實」、「我就是這麼認為的」、「你就要按照我的意思去做」……這些就屬於無效表達。因為它們強調的都是立場，並且完全是從自己的角度出發的立場，立場是會掩蓋利益的，因此也難以滿足需求。

我們在傾聽的時候，也要用這種方式來聽，聽對方所說出口的話是觀察還是自以為是的事實，是感受還是自我產生的判斷，是請求還是強加於人的要求。如果對方沒有運用正確的方式表達，我們也可以引導對方，從而發現對方的真實

需求。

比如，對於熬夜追劇這件事，如果我們想提醒家人，就可以說：「我注意到你這週已經連續兩天熬夜追劇了，有點擔心你的身體。今天晚上別追了，十一點之前就睡覺，好不好？」

在這句表達中，就有觀察（我注意到你這週已經連續兩天熬夜追劇了）、有感受（有點擔心你的身體），也有具體的請求（十一點之前就睡覺），因此是非常好的表達。

但如果對方不理解，並且反駁說：「熬夜並不影響我的身體，你干涉我太多了，你能不能別管我？」

這句表達中就有自以為是的事實（熬夜並不影響我的身體）、自我產生的判斷（你干涉我太多了）和籠統的要求（你能不能別管我），顯然這屬於不合格的表達。

想要應對這種情況，我們就要以傾聽需求的方式來提問，學會在關係中傾聽需求，比如問對方：「你是白天太忙了，感覺晚上追劇可以放鬆嗎？」、「沒有跟上劇集播出的節奏，讓你感到焦慮了嗎？」、「你熬夜之後，第二天上班會睏嗎？」、「週末休息時我陪你一起追劇，你覺得可以嗎？」透過類似的詢問，傾聽對方的表達，弄清對方的真實需求，我們才能找到正確的途徑去解決問題。

　　綜上所述，良好的表達能力首先是會傾聽，在關係中聽出對方的真實需求，其次是表達自己的觀點時少用判斷和要求，多用觀察＋感受＋請求。這樣，我們才不容易迷失在對話的無效字詞句當中，從而找到解決問題的正確途徑。

思維能力：
對複雜事物的理解能力和邏輯思維能力

　　有人說，會溝通就等於會說話、會表達。我要指出的是，這個觀點是錯誤的。在溝通過程中，出色的表達能力很重要，但表達能力必須建立在我們對事物理解的基礎之上，否則，哪怕再能說會道、口若懸河，話說不到重點，也無法讓一場溝通向前推進。尤其在面對一些複雜事物時，理解得不夠深入和全面，溝通就無法產生有效的結果。就像我們不能找鄰里的長輩幫我們去談一個股權收購合約一樣，長輩可能很會說話、有表達能力，但缺乏對股權收購這一複雜事物的理解能力和思維能力，自然也得不到想要的結果。

　　溝通能力是一種複合能力，光會說話、會表達並不能成為溝通高手，真正的溝通高手，一定是對複雜事物有著深刻把握和理解能力的人。比如，美國前國務卿基辛格是個談判高手，正是源於他對複雜的國際局勢有著深刻的理解能力和把握能力。但如果直接讓基辛格去跟綁匪談判，解救人質，他可能也需要對綁架的具體場景和綁匪心理等進行一番研究，才有可能談判成功並救出人質。在這個過程中，基辛格就要將自己對複雜事物的理解能力應用到不同領域，這也是

一個談判高手所具備的底層能力。也就是說，即使如基辛格這樣的談判高手，也不可能單憑一種能力行走於國際政治的江湖。

▓ 複雜事物的理解能力

在生活和工作中，我們可能會經歷很多次關鍵性溝通，這些溝通有簡單的，比如租房、買東西等，可能價格不菲，也需要談判，但複雜程度不高；也有一些比較複雜的溝通，比如律師遇到的案件、公司租賃廠房、幾個人合夥投資店鋪等，這些場景涉及的問題就很複雜；如果再涉及公司董事會開會，或者聯合國安理會開會等，那情況就更複雜了。

對於一些比較複雜的問題，尤其是我們不夠熟悉的複雜問題，在處理時就需要先梳理出頭緒。在這裡，我向大家推薦三個理解複雜事物的思維工具，分別為金字塔模型、鏡頭切換法和多元思維模型。

1. 金字塔模型

金字塔模型是著名諮詢公司麥肯錫的核心工作方法，迄今已有幾十年了，一直被認為是腦力工作者的重要思維工具（如圖 2-3 所示）。

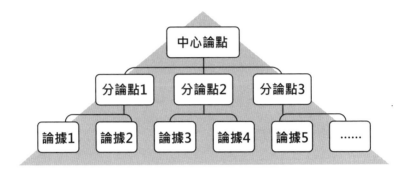

圖 2-3　金字塔模型

　　金字塔模型，顧名思義，其形狀像一座金字塔。塔尖上為主要論點或中心論點，一般由 3 ～ 7 個分論點支撐，每個分論點又可以看作一個論點，下面同樣有 3 ～ 7 個論據支撐，這樣就可以搭建出有若干層的金字塔結構。

　　從這個模型可以看出，它其實就是一套將資訊系統化的歸納模型。就像我們家裡的收納櫃一樣，將到處散落的物品分類安放，不但能讓物品看起來更清晰直觀，還能使各類物品關係更加明確，尋找、使用起來也會更加容易。

　　溝通能力就是一個金字塔結構。首先，金字塔塔尖是我們的核心認知，即溝通對話能力是一個複合能力，這個能力有三個分支，分別為對自我的認知能力、對溝通對象的認知能力和對其他人的認知能力。這三個分支下面繼續有分支，

由六個支柱支撐著，也就是六大能力模組：表達能力、思維能力、對人的認知能力、交換和創造價值能力、策略和賽局能力以及外交能力。這六大能力模組下面還有子模組，比如表達能力包括聽、說、讀、寫能力；思維能力包括對複雜事物的理解能力和邏輯思維能力；等等。有了這樣的金字塔模型，我們對一個複雜的事物就有了拆解的方法。

　　在律師工作中，我們想為一個人做無罪辯護，就可以用金字塔模型。因為犯罪構成需要幾個要件都符合，才能使犯罪成立，理論上一般有「三要件」說、「四要件」說等，這其實就是犯罪構成的三個支柱或四個支柱。在每個支柱下面，又會有不同的小支柱。

　　以「四要件」說為例。一個人是不是構成了犯罪，要看主體、客體、主觀和客觀四個要件，這就是論點下的四個支柱。這四個支柱只要有一個不成立，就不能說這個人構成了犯罪。需要注意的是，證明一個人犯罪要比證明一個人沒犯罪困難得多，因為證明犯罪需要四個要件同時成立，而證明沒犯罪只需要推翻一個要件，或者一個要件中一個支撐的小支柱就夠了。比如在「客觀」支柱下，有個小支柱叫「證據」，「證據」下又有個最重要的支撐，叫

作「血手套」[1]，你只要說服陪審團，證明「血手套」有問題，應該排除，那麼「證據」這個小支柱就無法支撐，「客觀」也同樣無法支撐，犯罪也就無法構成了。

金字塔模型的結構很簡單，很像我們寫作文時的一個論點要有三個論據，但它的應用卻十分廣泛，既可以用來整理學科知識，又可以用來寫文章、講課；既可以正向推導，也可以反向推導。不管是在溝通對話還是在談判規劃時，運用金字塔模型都可以得到很好的效果。

比如，在一場談判中，我們的目標是就收購對方公司的估值方法達成一致，這個核心目標下面就可以有幾個支柱來支撐，包括財務計算、法律架構、談判分工、談判後勤等，之後再向下細分，將整體任務拆解成一個個的小任務，最後將任務落實到具體負責人身上。將任務完全釐清，完成起來就會很容易。

如果想要倒推，就可以先收集資料，再以合併同類項的

---

1 這裡的「血手套」來自美國一起著名案件「辛普森殺妻案」，案件中的一個物證就是辛普森的血手套。這副手套上有三個人的血跡，分別是妮可、高曼和辛普森的，也就是說辛普森極有可能是戴著這副手套行凶作案的。但是在法庭上，辛普森試戴了這副手套，結果顯示手套的大小和辛普森手的大小根本不相符，而且第一個發現這副手套的洛杉磯警察之前有過「種族歧視」的案底。就是在這時，辛普森的律師說出了那句著名的辯護語：「如果戴不上那就是戴不上，如果戴不上你們就必須還我當事人清白。」

方法將資料整理在一起，越整理分類越少，最後推導出一個
具體的結論。在很多刑偵劇的警方破案場景中，警察就是先
把收集到的各種資訊都貼在牆上，然後逐條整理，慢慢理出
線索，最後得出結論。這就是倒金字塔模型的使用方法。

2. 鏡頭切換法

　　鏡頭切換法來自美國前國務卿基辛格。基辛格一生參與
過無數次外交談判，成功的案例比比皆是，當然也有失敗的
案例，但這絲毫不影響他成為一名談判大師。基辛格所面臨
的關鍵性溝通常常都是極為複雜的國際政治問題，或者是一
團亂麻的爭端局勢，他是如何把這些問題抽絲剝繭、條分縷
析地理清的呢？

　　其中一個最關鍵的方法，就是鏡頭切換法。很多時候，
影響我們認識和把握複雜問題的常常是我們的視角。有時我
們過分關注事物的局部和細節，忽略事物的全域和整體；有
時我們又過於大而籠統，把握不好具體的目標和方法。而鏡
頭切換的思維就讓我們既能看到單株樹木，又能看到整片森
林，學會從多重視角去把握一個複雜的問題。這裡還有一個
重要的視角，就是要看到是否有遺漏的利益相關者，不要只
盯著直接溝通或談判的一方，而是要學會看問題的全景。

　　基辛格有一項重大的外交成就，就是促成了越南停戰，簽訂了《結束越南戰爭及恢復和平的協定》。當時，為了促成越南停戰，美國和越南北方進行了艱難的談判，雙方互不信任，很多方面無法達成一致。基於此，基辛格便將鏡頭拉遠，去看整個圖景。表面上看，這場談判是在越南北方和美國所支持的越南南方之間進行的，但實際上，越南北方也有自己的支持者，那就是當時的蘇聯和中國。這讓基辛格意識到，只要改善美國與中國、蘇聯的關係，不僅對解決越南問題有所幫助，甚至對正在美蘇爭霸中的美國也十分有利。

　　於是，基辛格祕密訪華，而後促成了一九七二年美國總統尼克森訪華，使國際政治出現了大變局。之後，基辛格又著手改善美國與蘇聯之間的關係，他先從聯邦德國著手，改善聯邦德國與蘇聯的關係，幫助蘇聯減輕了來自西方的壓力，換取了蘇聯在越南問題上的態度變化，最終促成了越南停戰。[2]

　　在這一系列的複雜操作中，基辛格就準確地把握住了整個國際政治圖景和各方的利益訴求，將重要的參與方都

2　亨利・基辛格（2016）。白宮歲月：基辛格回憶錄。載於130頁。上海：上海譯文出版社。

拉入促進越南停戰的進程中來。

　　廣角鏡頭不僅能夠發現溝通和談判中的重要關係方，還能夠發現各方的利益關係。利益是溝通和談判的核心。對上面案例中的基辛格來說，評估複雜的利益不僅需要仔細探討對方的觀點，還要仔細研究塑造了這些觀點的歷史背景。若用基辛格的話說，這「需要一種歷史感，一種對不在我們控制範圍內的、各種力量的理解，以及一種對事件結構的廣泛看法」。

　　除了需要廣角鏡頭，特寫鏡頭也不能忽略。

　　以色列前總理高塔・梅爾這樣評價基辛格，基辛格有「對他所要解決的任何問題的最微小細節進行處理的神奇能力」[3]。梅爾夫人還舉了一個例子：基辛格曾告訴她，自己以前從未聽說過名叫庫奈特拉的地方，但當他開始參與有關敘利亞和以色列在戈蘭高地的談判時，那裡的每一條馬路、每一棟房子，甚至每一棵樹，只要是他該知道的，他全知道。也就是說，當基辛格將廣角鏡頭拉近時，他不僅

---

3 詹姆斯・K・塞貝紐斯，R・尼古拉斯・伯恩斯，羅伯特・H・姆努金（2020）。基辛格談判法則。載於200頁。長沙：湖南文藝出版社。

會了解這個地方，還會用特寫的方法去了解這裡的人，並且由此為他的談判對手量身打造一套溝通談判的方法。

由此可見，在溝通過程中，我們不應該將放大和縮小焦距視為一種兩步走的程序，即先用廣角鏡頭研究戰略，再用特寫鏡頭關注細節，而是應該隨著對一件事情的了解和不斷深入，反覆在兩種視角之間進行切換，全面地洞察所面對的事或人，用鏡頭切換的思維去把握一件複雜的事，並開啟一場溝通。

3. 多元思維模型

世界上很多有成就的人都宣導使用多元思維模型，其中以股神巴菲特的合夥人查理・蒙格最為推崇。查理・蒙格曾說：「你必須知道重要學科的重要理論，並經常使用它們——要全部用上，而不是只用幾種。大多數人都只養成了一個學科——比如說經濟學——的思維模型，總是想用一種方法來解決所有問題。」[4] 說到這個問題時，查理・蒙格還喜歡引用一句諺語：「在手裡拿著鐵鎚的人看來，世界就像一

---

4 彼得・考夫曼（2020）。窮查理寶典：查理・芒格智慧箴言錄，全新增訂版。載於 154 頁。北京：中信出版社。

顆釘子。」[5] 意思是說，如果我們只有一兩套解決問題的方式，那麼這種方式就會以自己的邏輯扭曲我們看待世界的視角，直到它符合我們的思維模型，或者至少扭曲到我們認為它符合自己的思維模型為止。

　　一些重大或複雜的溝通活動往往會涉及許多學科和知識，要實現有效溝通，只用一兩種思維模型是遠遠不夠的。

　　作為一名企業併購律師，我在工作中總會不可避免地運用法律思維去思考問題，比如：什麼是合適的併購交易結構？是股權併購還是資產併購？合約生效要滿足哪些條件？交割的前提條件是什麼？它們之間有什麼樣的關係？等等。

　　但是，這些是遠遠不夠的，我還要具備一定的財務思維，因為所有的公司併購都會涉及公司的財務情況，沒有這方面的知識和思維，我就無法定價。

　　我還要有一定的經濟學思維，懂得一些經濟學知識，因為企業併購涉及各行各業，礦山企業的併購思路與互聯網企業的併購思路肯定是不一樣的。

5　彼得・考夫曼（2020）。窮查理寶典：查理・芒格智慧箴言錄，全新增訂版。載於 154 頁。北京：中信出版社。

　　此外，我還要有一套風險評估分配的思維，因為併購中會涉及各種可能出現的風險，這時對風險的評估、風險在交易各方中的分配、出現問題的機率、出現問題後的責任上限等問題，都需要利用風險評估分配的思維來解決。

　　而在溝通和談判正式開始後，還會涉及許多人的問題，這時心理學、行銷學等各種思維也都會派上用場。

　　你看，僅僅是律師這個職業，在實際工作中就需要不斷切換使用各種思維，並且這種情況比比皆是。

　　除了一些大的學科思維，還有一些小的但很經典的思維模型對我們的實際溝通同樣有利，以下是幾種比較常見的思維模型。

　　逆向思維模型。這也是查理・蒙格經常提起的一種思維方法，即當我們不知道去哪裡的時候，沒關係，至少我們要知道自己不要去哪裡。曾經有人問巴菲特要如何才能成功，巴菲特侃侃而談，而查理・蒙格總是會慢慢地補上一句：「還有別吸毒，別亂穿越馬路，別得愛滋病。」這就是逆向思維，即把不行的內容先排除掉。

　　均值回歸模型。雖然我們身邊偶爾會發生異常的事，但事情總會歸於常態。均值回歸模型就是讓我們盡可能地忽略

那些異常情況，從常態去思考問題，而不是腦子裡整天想著什麼時候出現「黑天鵝」事件。

第一性原理。這個原理是讓我們回歸事物的本源，而不是依靠既有資訊和條件去處理問題。比如，智慧型手機剛剛問世時，很多機型都配有觸控筆。但蘋果公司在探討觸控筆問題時，賈伯斯就明確表示不附觸控筆，因為人的手指就是最好的筆。書寫需要筆，這是經驗給定的資訊，但這個資訊有時也是有缺陷的。回歸第一性原理，就是用手指在手機上書寫。所以，現在的智慧型手機幾乎都不再配觸控筆了。

奧卡姆剃刀定律。這個定律原本是說，如無必要，勿增實體，在這裡可以引申解釋為：前提和假設最少的答案往往是正確的答案。我也經常據此引用另一個推論：凡是不正常的現象，背後一定有一個特別正常的原因。

帕金森定律。這個定律是說，完成一件事的期限越長，我們的工作量就會越大，因為我們總會在完成期限前找一些本不需要去做的小事情將期限充滿。帕金森定律可以用在很多地方，比如要紓緩交通堵塞就修建很多寬大的馬路，結果只會吸引來更多的車輛，交通堵塞問題仍然無法解決。

以上這些思維模型若運用到日常溝通中，也能讓我們看待問題、表達問題的角度變得不一樣。實際上，多元思維模

型只是一個框架，或者說是一個多寶格，我們需要用自己所學的各種學科知識和累積的各種思維方式將一個個多寶格填上，這也提醒我們平時要多加學習和累積。多元思維很好用，但前提是一定要有內容才行。

　　總而言之，**要完成一次成功的關鍵性溝通，最重要的不是會不會說，而是能不能把一件複雜的事情理解清楚。理解複雜事物的能力，決定著我們的溝通水準。**當然，以上我介紹的三大思維模型和一些小模型，也需要變換使用才行。從多學科的思維角度去看待事物，用金字塔模型整理資訊，得出結論，同時用鏡頭變換的方式既要看到全域，也要抓住局部關鍵。經常練習，我們就能在溝通中將三大思維模型運用得得心應手。

:::: 邏輯思維：構建理性世界的根本秩序

　　我們常說，某人講話講得好，很有邏輯，可見，邏輯在溝通交流中處於比較核心的位置。事實上，不管是口頭表達還是書面表達，邏輯混亂都容易為溝通交流造成障礙。

　　有人可能會說，講話有邏輯還不簡單嗎？不就是分條來講嘛，比如「關於這件事情，我來講三點」，這不就有邏輯了嗎？

　　我想說的是，溝通中的邏輯遠不只於此，而且所謂的「凡事講三點」也可能出現邏輯錯誤。我就經歷過一件有趣的事：在一個系列談判中，某一方的律師不管講什麼，都喜歡先說「我來講三點」，但聽著聽著我就發現，他講的第二點只是與第一點中使用的概念不同，第三點則是在重複第一點。後來，我們一起開會的人都戲稱他為「三點律師」。

　　從這個例子中就會發現，邏輯思維在溝通表達過程中十分重要，但真正的邏輯思維應該是有邏輯地組織我們的表達、有邏輯地展開雙方的溝通。要做到這兩點，我們需要掌握一個模型、三大規律和一個應用規則。

1.MECE 模型

　　MECE 模型的英文全稱為「mutually exclusive, collectively exhaustive」，中文直譯為「相互獨立，完全窮盡」，也可翻譯為「不重不漏」。我們在說明一個問題時，可以有幾個論據來支持，這幾個論據之間就應該是不重不漏的，即任何兩個論據之間都不能互相重複，並且所有的論據加起來要盡可能地說全面。

　　MECE 模型經常與金字塔模型結合使用，金字塔模型是由一個主論點和下面的 3 ～ 7 個論據組成，這些論據之間就

應該符合 MECE 模型。

　　假如你是一名檢察官，要起訴一個小偷，起訴書中應該將犯罪構成的四要件：主體、客體、主觀、客觀，都逐一說明。那麼在檢查的時候，你就要看看自己有沒有寫重複或漏寫，比如把有行為能力這件事在犯罪主體裡寫了一遍，在犯罪的主觀方面裡又寫了一遍，這就重複了。同時還要檢查一下是否有漏寫的，比如想當然地認為這個犯罪主體沒有問題，是有完全行為能力的成年人，導致沒有談主體，這就是漏寫了。

　　當然，不重不漏的原則也不是鐵板一塊、不能改變，有時是可以重複的，有時也可以漏掉，但這些都必須建立在清晰的 MECE 模型之上。

　　對於一些重要問題，在不同論據中可能都用得上，這時就可以重複。比如，一個惡性殺人案的嫌疑人，殺人手段十分殘忍，這就是他犯罪的客觀方面；而他使用的那些殘忍手段，也是他犯罪的主觀方面，說明他犯罪的主觀惡性極大。在這裡，「手段殘忍」這個點就可以重複出現在客觀方面和主觀方面的論述中。但需要注意的是，我們必須在第二次談

到「手段殘忍」這個點時，明確地說出「正如上文所述」。也就是說，一些重要問題可以重複，但必須清楚地表明我們知道自己在重複，而且這個重複是有必要、有意義的。

在 MECE 模型中，有意識地漏掉一些不重要的論據也是可以的。比如，你想向上司說明一個專案應該交給你來執行，這時你的論點就是：「我是最合適的人選。」你為此組織的論據可能包括：你做過類似專案，有相關經驗；對方是你服務多年的客戶，你了解他們的需求；你剛剛參加完一個專業的培訓課程，正好就是針對此類項目的。這三點就符合「ME」，即分別涉及你的專案經驗、客戶經驗和知識技能準備。當然，你還有其他優勢，比如身體好、能熬夜，該項目實施城市是在自己家附近，你比較了解情況，等等。這些論據也能說明你適合這個專案，但並不那麼直接和必要，所以就可以從略不講，這就是有意識地「漏」。

在運用 MECE 模型時，還有一個需要解決的問題，就是各個論據之間如何排序。這裡有個根本原則，就是要減少資訊接收者的負擔。簡單來說，不管是聽我們說話的人，還是看我們寫的東西的人，都應該感覺不累。只有讓對方不累，我們的話對方才聽得進去，我們寫的文案對方才看得進去。

在安排論據順序時，主要有兩種方式：自然順序和思維

順序。

　　自然順序一般包括時間順序、空間順序、原文順序等。在講述一件事時，這件事在不同時間段都是如何發生、如何進展、如何結束的，這就是在按照時間順序講述。

　　如果按照地點來講，第一個地點發生了哪些狀況，第二個地點又發生了哪些狀況，這就是在按空間順序講述。

　　原文順序是遵循原來文本中所提問題的順序來講述，比如客戶對我們公司的產品提出了八個問題，是按照從一到八的順序列出來的，那麼我們在作答時也可以按照從一到八的順序來逐一回答，這就是按原文順序講述。

　　思維順序一般包括重要性順序、相關性順序、形式邏輯順序等。

　　重要性順序是先講重要問題，再講具體技術問題。比如，客戶給我們一份合約，如果裡面大部分都是技術問題，那麼我們就可以按照條款順序，把需要討論的條款拿出來講。但是，如果這份合約的基本結構、基本原則有問題，那就要先講基本問題。

　　相關性順序是先講最直接相關的問題，再講間接有關的問題。比如，一個人曾經是工程師，後來開始寫小說，成為一名科幻作家。現在有機構請他去演講，希望他分享自己是

如何實現職涯轉換的，那麼他首先要講的就是自己為什麼要轉換職涯、怎麼轉的，而不是大談特談自己在大學時學電腦的故事，也不要講自己平時如何訓練身體。這些可能對職涯轉換有影響，但不是直接影響，一定要先講直接影響，再酌情講間接影響。

形式邏輯順序比較重要，我們下面進行詳細闡述。

2. 形式邏輯的三大規律

「邏輯」這個詞來自古希臘語 logos（邏各斯），原意是理性、道理。形式邏輯是一種思維方式，強調邏輯的形式正確，不要求內容的正確。形式邏輯有三大規律，分別為同一律、矛盾律和排中律。

同一律就是要求用詞、用語、概念等必須前後一致。有時我們說某個人說話總是偷換概念，就是說這個人的話語違反了同一律。如果用公式表達就是：**A 是 A**，或 **A 等於 A**。

無矛盾律是指相互矛盾的兩個論點至少有一個是假的。比如「大地是平的」和「大地是球形的」，這就是兩個相互矛盾的論斷，且至少有一個是假的，不能都是真的。如果用公式表達就是：**A 不能既是 B 又不是 B**，或 **A 不是非 A**。

排中律是指在同一思維過程中，兩個相反的論點必定有

一個是真的，不能同時都是假的。比如，「蝙蝠是鳥」和「蝙蝠不是鳥」這兩個論點中，必然有一個是真的，蝙蝠要麼是鳥，要麼不是鳥，兩個論斷不可能同時為真，也不能同時為假。如果用公式表達就是：**A 或非 A**，也可以表達為 **A 是 B 或 A 不是 B**。

需要留意的是，在運用矛盾律與排中律時要注意二者的區別。矛盾律的意思是說，兩個相反論點不能都是真的，而排中律則表示兩個相反的論點不能都是假的。

3. 三段論規則

在形式邏輯溝通中，最常見的應用是三段論。三段論是由大前提、小前提和結論構成的。比如，在「所有的天鵝都是鳥，醜小鴨是天鵝，所以醜小鴨也是鳥」這句話中，「所有的天鵝都是鳥」是大前提，「醜小鴨是天鵝」是小前提，「所以醜小鴨也是鳥」就是結論。這是一句帶有形式邏輯的話，這種話語在溝通中我們經常用到。充分理解三段論，可以使我們在溝通中避免犯邏輯性錯誤，同時也能敏銳地發現他人話語中的邏輯錯誤。

要充分運用三段論，我們還需要掌握幾個重要規則。

規則一：一個三段論只能有三個不同的項目。

　　三段論中一般會有三個概念，比如，在「所有的天鵝都是鳥，醜小鴨是天鵝，所以醜小鴨也是鳥」這句話中，就有天鵝、鳥、醜小鴨三個概念。在表達時，要讓這三個概念保證同一律，不能變來變去。

　　規則二：中項必須至少周延一次。

　　三段論中會有五個關鍵字，其中三個表示範圍，分別為：所有、有些、沒有；還有兩個詞表示判斷：是和不是。

　　比如，「所有的天鵝都是鳥，有些天鵝是白色的，沒有天鵝不是鳥」這句話，就是由五個關鍵字串聯起來的。

　　周延，就是使用「所有」或「沒有」這樣的範圍限定詞。在「所有的天鵝都是鳥，醜小鴨是天鵝，所以醜小鴨也是鳥」這句話中，「鳥」是大項，「醜小鴨」是小項，「天鵝」是中項。根據中項必須周延一次的規則，「天鵝」就需要周延。否則，這句話就變成了「有些天鵝是鳥，醜小鴨是天鵝，醜小鴨是鳥」，就不對了，因為醜小鴨也可能屬於不是鳥的那種天鵝。

　　規則三：兩個否定的前提不能得出肯定的結論。

　　在「所有豬都不是鳥，醜小鴨不是豬，醜小鴨是鳥」這句話中，邏輯就是錯誤的，原因就在於兩個否定的前提得不出最後肯定的結論。

規則四：前提中有一個是否定的，結論也要是否定的。

在「所有豬都不是鳥，佩佩是豬，所以佩佩不是鳥」這句話中，有一個前提是否定的，所以就得出了「佩佩不是鳥」的結論。

形式邏輯在溝通、對話、談判、辯論中使用頻率非常高，有些人說話習慣使用三段論，但很多時候他的前提就是錯誤的，比如，「我們是一家大公司，大公司是講誠信的，所以我們是講誠信的」，這個三段論的形式是正確的，但「大公司都是講誠信的」這個前提是錯誤的，所以整個句子的內容就是不真的。

還有偷換概念的，比如，在「群眾的眼睛是雪亮的，我是群眾，所以我的眼睛是雪亮的」這句話中，「群眾」是一個集體概念，「我」是個體概念，將集體概念偷換成個人概念就違反了同一律，即「群眾」這個中項在兩個前提中的意思不一樣了，所以這句話的邏輯形式就是錯誤的。

如果想讓這句話的邏輯形式正確，可以改成「所有群眾的眼睛都是雪亮的，我是群眾，所以我的眼睛是雪亮的」。加上「所有」這個大前提後，「群眾」就成了個體概念，它的邏輯形式就對了。但是，從內容上來說，它仍然是個錯誤的結論，因為並不是「所有群眾」的眼睛都是雪亮的。

　　所以，想讓一句話既要邏輯形式正確，又要內容正確，是需要仔細斟酌的。尤其是要理解和遵循邏輯形式的三大定律，掌握三段論的形式和一些重要的三段論規則，對於我們組織自己的邏輯表達，以及判斷他人話語的邏輯是否正確等，都會有很大的幫助。

常見的邏輯錯誤

　　了解了邏輯的基本規則，接下來我們看看一些常見的邏輯錯誤。這些錯誤示範既能讓我們明白哪些錯誤要盡量避免，也能啟發我們如何去發現別人語言中的邏輯問題。

1. 錯誤歸因

　　我們的思維基礎是因果關係，所以總喜歡為事情找到一個歸因。比如，孩子感冒是因為穿少了，路上塞車是因為紅綠燈設計不合理。如果找不到明確的原因，就會說是本質問題或管理問題。

　　但是，許多事情的原因是多元的，甚至是不清楚的，當我們經常把一個結果歸因於一個看似明確的原因時，多半就會形成錯誤歸因。其中最常見的就是把相關性當成因果關係，比如，公雞啼叫和太陽升起，這兩種現象經常會同時發

生，但如果你把公雞啼叫說成是太陽升起的原因，那無疑就是荒謬的。再比如，隨著虛擬經濟的發展會出現一些新型的經濟犯罪，如果我們認為虛擬經濟必然導致經濟犯罪增加，也是把一個相關性當成因果關係的錯誤歸因。

還有一種錯誤歸因，就是把因果關係顛倒了。比如，有一則新聞說，某國際大藥廠開年會，請了幾個當紅明星去唱歌。有人看了就說：「都是因為藥廠要請大明星來表演，藥價才那麼貴！」這就是一個因果關係錯誤，其實應該是先有藥價貴、藥廠利潤高這個原因，才能請得起大明星。

一些談判也經常出現因果錯誤，比如有人說：「我的產品之所以賣得貴，是因為我們的成本高。」產品的價格是由供需關係決定的，與成本無關。如果成本是價格高的原因，那麼我們把產品成本都提高，不是都可以高價販售了嗎？

2. 以偏概全

很多人習慣把自己的經驗當成普遍的經驗，一旦這種思維習慣到處蔓延，就容易犯以偏概全的錯誤。

比如，我們有鼻炎，吃了某種藥感覺好多了，於是就會形成一個以偏概全的想法，認為這種藥一定可以治療鼻炎。

在這個案例中，我們首先進行了錯誤歸因，因為有些鼻

炎是季節性的，不吃藥，過敏季過去後，鼻炎也會好。其次，即便藥物起了作用，也只能說明這種藥對我們自己所患的鼻炎有效，但對其他人並不一定有效，如果我們認為這種藥對所有鼻炎都有效，就是以偏概全。

人們之所以容易犯這類錯誤，往往是因為思維懶惰，找到一個點後，就不再去思考其他原因了。

3. 虛假結構

我們和他人溝通時會發現，有些人說的話聽起來好像很有邏輯，或是因果關係，或是遞進關係，但是仔細思考後就會發現，這些話前後之間並沒有關係，只是一種漂亮的羅列而已。

比如，「堅持成就習慣，習慣形成性格，性格決定命運」，這句話聽起來很有道理吧？反過來看，「命運決定性格，性格形成習慣，習慣成就堅持」，聽起來也頗有道理。那麼，到底是堅持決定命運，還是命運成就堅持呢？

如果仔細思考一下，我們就會發現這只是兩句漂亮話，其中的構成要素之間並沒有什麼邏輯關係。

還有一種虛假結構，就是用一些乾巴巴的抽象概念組織成一些沒有實際意義的話，比如，「我們實驗室的工作，以

學校遠景規劃為目標，以學術前沿為引領，重點在於攻克當下學科難題，難點在於全面提升研究人員的學術素養」。

這句話聽起來好像頗通順，但如果將內容變換為：「我們實驗室的工作，以學術前沿為目標，以學校的遠景規劃為引領，重點在於全面提升研究人員的學術素養，難點在於攻克當下學科難題。」把「目標」、「引領」、「重點」、「難點」的內容調換一下，意思並沒有什麼變化。這種結構就叫作虛假結構，看似有結構，其實完全說不清各內容之間的關係。

4. 滑坡邏輯

滑坡邏輯是說，一旦開始一個句式，就會一直沿著這個思維邏輯講，像是一個皮球滾下山坡一樣，不會停止，最終得出一些聳人聽聞的結論。比如，上司勸說我們別離職，一旦離職了，就會幾個月接觸不到一線業務，最後自己的本領就白白浪費了。

一旦我們沿著這個邏輯思考，把事情想像成只有一個趨勢，不會變化，不會調整，就會像一個皮球一樣，一直向山下滾。但實際上，生活中有許多變數，皮球下山的邏輯並不適用於生活本身。

5. 前提缺陷

有沒有人對你這樣說過：「你是學生，要好好學習，先別管別的。」

過幾年又有人跟你說：「你二十多歲了，最重要的是抓緊時間找個對象，先別管別的。」

再過幾年，又有人跟你說：「你三十好幾了，還不趕緊生個孩子，先別管別的。」

這些話聽起來都頗有道理，但其實都有邏輯錯誤，其錯誤就是它的前提。這幾句話都是先有結論，比如先把你定義為一個學生，由此自然得出你要好好學習；等你到二十、三十歲時，又根據對方想要得出的結論，賦予你一個身分。但是，你同時還有其他身分，對方卻不提，只是用一個錯誤或片面的前提，將你給套住了。

邏輯學是個很有趣的學科，可以幫助我們發現很多思維盲區。在生活和工作中，懂一些邏輯學，對於我們溝通、對話、寫作、演講等都非常有好處。邏輯思維不完全是天賦，是可以練習出來的，只要我們平時多注意觀察身邊的人，和身邊的人多溝通，或者藉由各種影音節目，尋找對方話語中的邏輯問題，並練習將其改正，就可以慢慢訓練和提升自己的邏輯思維能力和語言表達能力。

對人的認知能力：洞察對方與組織形態

有人說，溝通對話就應該以我為主，我有什麼要求，直接跟對方講清楚就行了。

我想告訴你的是，這種溝通方式並沒有找到關鍵性溝通的法門。任何溝通和對話，面對的都不是沒有生命的物體，而是一個個活生生的人，他們有各自不同的性格、背景、當時的狀態等，我們不可能用一個方式有效解決所有溝通問題。面對不同的溝通對象，我們必須具備一定的認知能力和洞察能力，這是所有互動性活動的必要步驟，也是溝通對話可以順利進行的必要步驟。就像古代小說中對戰的雙方，第一次見面都會要求對方通報姓名一樣，我要先知道對方是誰，才能有針對性地進行溝通和對話。

洞察對方的能力

溝通對話是利益交換、滿足需求的過程，在任何溝通對話中，我們都要將目標確定在需求上。雙方的需求都滿足了，溝通就成功了，甚至還可以創造出一定的價值。

所以，認知對手、識別對手的最終目的都是發現他們的需求，並且透過一定的利益調整，以滿足對方需求的方式來

滿足我們自己的需求。這就要求我們在關鍵性溝通中，善於關掉自己向內感知的雷達系統，努力感知對方傳達出來的各種訊息，圍繞對方的需求做工作。

1. 弄清對方的需求

在溝通過程中，無論對方是代表自己還是代表他人，其需求都會遵循馬斯洛需求理論（見圖 2-4 ）。

馬斯洛是研究人類動機理論的大師，他總結認為，人有五個層次的需求，由低到高分別為生理需求、安全需求、社交需求、尊重需求和自我實現需求。在基本需求獲得滿足後，人對高一些的需求就會越來越強烈，但並非所有低層次需求都完全獲得滿足後，才會有高層次的需求。

人在不同階段，對需求的強度要求也是不同的。一個溫飽都成問題的人，當然會有強烈的生理需求，即不再挨餓受凍，但同時還有安全需求、社交需求、尊重需求等，只是沒那麼強烈而已。

所以在溝通中，我們既要明白自己的需求，也要理解對方的需求。不同的溝通內容往往有著不同的需求主題，比如，跟老闆請病假，就是在溝通生理需求；要拆一個人的房子，就要與他溝通安全需求；跟朋友聊天，溝通就是社交需

求。處在溝通中的任何人都會有被尊重的需求，但凡一方感到不被尊重，溝通就很難進行下去。

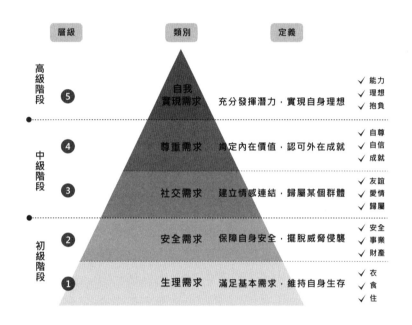

圖 2-4　馬斯洛需求理論

　　大多數溝通都是沒有強制力的，除非對方願意，否則我們無法強迫對方接受我們的觀點。讓對方同意一件事也不是靠壓力，最重要的是靠對方的自驅力。如果我們發現對方的需求，並以對方的自驅力為引導，溝通和說服就會變得相當容易。

假如你的教學小組接到了學校的一項作業，要求寫一份調查研究報告。你是小組長，自然想把這項作業做好，但你的組員都不太積極，這時你怎樣才能激發組員的積極性呢？

首先，你要弄清每個組員的具體需求，再衡量一下自己是否能滿足他們的需求，讓他們主動承擔起一部分工作。比如，你發現小組中的 A 需要一個高分，才能讓成績單看起來更好看，那麼你跟 A 溝通的就是如何把這個作業做好，拿到高分。A 可能原本不覺得這是個能拿高分的科目，一聽你的想法，覺得這是個好機會，於是就會積極地配合你。

同樣，你發現小組中的 B 正在投履歷找工作，但缺少社會實踐專案，於是，你就可以和 B 溝通，讓 B 來負責這個報告的調查部分，甚至可以考慮將 B 列為調查研究報告的第一作者，滿足他投履歷找工作的需求。

你發現組員 C 正在談戀愛，沒心思做這個調查研究，這時你可以考慮一下，能不能讓 C 的戀人加入你們小組，或者有些調查事項安排 C 到他戀人所在的地方去展開，為他們創造在專案中多多互動的機會。

　　人都是有需求的，只要能洞察和識別出對方的需求，並試著去滿足，就能激發對方的自驅力，讓對方的自驅力引領著他去獲得需求滿足的獎勵。這個順序歸納一下就是：**識別需求－設定獎勵－激發自驅力**。

　　需要注意的是，有些人會從相反的方向利用需求理論，即在溝通對話中，忽略對方的生理需求，想透過疲勞作戰，讓對方盡快妥協。還有所謂的攻擊性談判，即用不尊重人的方式溝通，利用否定對方的尊重需求，造成對方心理壓力，從而使對方做出讓步。這些反向利用需求理論的方式都是溝通中的陰招和壞招，是我們不提倡的。哪怕這些方式可能會達成我們的目的，但從關鍵性溝通的角度來說，它會對關係造成很大傷害，而關係本身也是利益，損害關係就是在損害利益，這與我們所講的關鍵性溝通的原則是相悖的。

2. 識別對方的資訊

　　很多人都玩過撲克牌或麻將，在打牌時，如果能分析出對方手中的牌，我們的贏面就會增加很多。溝通也是如此，尤其在一些關鍵性溝通和談判過程中，對方手裡有什麼牌，這是非常關鍵的資訊，我們知道得越多越好。

　　要識別對方資訊，首先我們要學會替對方畫像。為了便

於理解，我們以動物來做比喻，分析如何替對方畫像。在分析時，可以從下面三個問題入手。

第一個問題：對方的規模與我們相比如何？

假如對方是一個大型企業，我們是一家很小的公司，或者就是一個人，那麼我們與對方溝通時就是老鼠遇到了大象，彼此的規模差距很大。當然，有時大家的規模可能差不多，比如一匹馬遇到一頭牛。所以，在替對方畫像時，對於彼此的規模我們要做到心中有數。

第二個問題：對方吃肉還是吃草？

我們知道，肉食動物往往比較凶猛，這代表了對方是強悍進攻型的溝通者；草食動物比較溫潤，代表了對方相對比較溫和。

第三個問題：我們在對方眼裡是什麼動物？

我們對自己的評估，與對方對我們的評估常常是不同的。比如，在一些特殊場景下，我們自我感覺是大象，但對方可能覺得我們就是一隻綿羊，這時可能對方已經抓住了我們的軟肋，認為我們不堪一擊。

為了清晰地替自己的溝通對象畫像，我們可以用**四種動物畫像工具**來回答下面四個問題，即：

- 你覺得對方是什麼動物（大型／小型，肉食／草食）？
- 對方覺得自己是什麼動物？
- 你是什麼動物？
- 你在對方眼裡是什麼動物？

　　舉個例子，假設我們是一家創業公司，要和一個大廠談收購，對方風格強勢，我們的風格比較溫和。但如果我們不把公司賣給對方，而是賣給對方的競爭對手，這個大廠就會失去先機。這時，我們就可以這樣回答上面四個問題：

- 你覺得對方是什麼動物？鯨魚（對方很大，但是對我們的制約有限）。
- 對方覺得自己是什麼動物？獅子（對方感覺自己強勢有力，無往不勝）。
- 你是什麼動物？馬（溫和，但有力量，善於奔跑）。
- 你在對方眼裡是什麼動物？山羊（小而溫和，但有稜角，不像綿羊那樣軟弱）。

　　有了這樣的畫像，我們再跟對方接觸時，就會觀察到很多以前不曾注意的東西，比如對方相當強勢無禮，我們就知

道，原來對方想像的和我們的對話方式就像獅子與山羊的對話。幾輪交鋒之後，對方發現，我們根本不是山羊，而是一匹好馬，這時他就會改用獅子與馬的對話方式來跟我們溝通。雖然雙方的差距在縮小，但此時他對我們仍然有威脅。繼續溝通下去，對方最終明白，其實他自己是一頭鯨魚，這時溝通就快有結果了，因為鯨魚與馬誰也不能威脅誰，必須互相合作，才能實現優勢互補。

　　對雙方進行動物畫像後，接下來我們就要梳理一下資訊，弄清對方都知道了哪些事。比如，在企業併購中，我們公司的股東情況、註冊資本、辦公地址等公開資訊，這些即使不說，對方也會知道；另外，還有一些資訊對方也可能了解，比如公司曾涉及的訴訟和執行案子等。

　　但是，有些資訊是對方不知道的，這類資訊一般分為兩類：一類是我們準備告訴對方的，另一類是我們打算向對方保密的。比如，我們正在找工作，還計畫兩年後出國留學，我們申請的公司一般是支持員工出國留學的，這時若對方問起，我們就可以如實告知。這就是我們準備告訴對方的。再比如，我們雖然正在 A 公司面試，但其實更想拿到 B 公司的職位，如果被 B 公司錄用，我們肯定會馬上過去。這時，我們應該不會把這個資訊告知 A 公司。

我這裡有一個已知未知工具表（如表 2-1 所示）：

表 2-1 已知未知工具表

在對話中		資訊內容
對方已經知道的		
對方可能知道的		
對方不知道的	A. 可以說的	
	B. 保密的	

有了這個工具表，我們就能在資訊使用和交換方面做文章。比如，對方已經知道的資訊，我們可以大大方方地準備一份，提交給對方。這樣雖然沒有增加對方的資訊優勢，卻顯得我們很有誠意。有些對方可能知道的資訊，我們調查後發現他不知道，也可以主動提供。對於對方不知道的資訊，但我們可以說的，就可以用來交換對方的資訊，甚至可以藉此進行利益交換和讓步交換。

與此同時，我們還要有備案，即萬一對方知道了我們需要保密的資訊，我們該怎麼辦？這些最好都提前準備好，有備無患。

3. 觀察對方的文化因素

有人認為，只有在跟外國人溝通或談判時才會涉及文化因素，或者才有文化差異導致的溝通盲點。

其實，所有溝通都會涉及文化因素。文化不僅僅是跨國的差異，也存在代際差異，即兩代人甚至年齡差很多的人之間都會有文化差異。比如，學法律的和學商業的就有文化差異，自由工作者和大廠裡的經理也有文化差異，租房的小白領和房東大姐也會有文化差異。

在一些簡單的溝通場景中，文化差異可能不占主導因素，但在複雜的關鍵性溝通場景中，文化差異就像是一片雨霧，可以讓本來就看不清的局面變得更加模糊和複雜。

多年前曾有個年輕的體育記者去採訪一位資深的教練，記者問道：「您作為一位骨灰級教練，如何看待現在的運動發展方向？」教練聽後很生氣，因為他認為「骨灰級」這個詞是對他年齡的一種侮辱，類似於行將就木的意思。後來經過多方解釋，誤會才被消除。

這就是兩代人之間的文化差異。記者想當然地用了一個電玩界形容資深玩家的詞來形容教練，殊不知教練完全沒有

接觸過這個領域，也不理解這個詞的具體涵義。

　　這就說明，對於不同的文化背景和文化差異，如果掌握不好，就無法全面識別對方，也很容易在無意中冒犯對方，引起對方不滿。

　　為了更好地觀察到對方的文化因素，我為大家準備了幾把文化傾向的尺規，尺規的兩端分別代表一個問題中兩個相反的典型情況。藉由這些尺規，你可以將對方的文化情況標記出來，從而得到對方的文化畫像。

<h3 style="text-align:center">守時 ——————— 不守時</h3>

　　這是用尺規標記對方的守時情況。尺規的左端是嚴格守時，右端是嚴重不守時，你可以為對方標記一下。如果對方是一位一絲不苟的工程師，他的標記可能會非常偏左；如果對方是一位退休多年的長者，他的標記可能就會相對偏右。

<h3 style="text-align:center">規則 ——————— 不講規則</h3>

　　這是用尺規標記對方的守規則狀況。有些人非常講究規則，也會盡量按規則辦事；有些人可能不怎麼講究規則，只要有機會，就忽略規則甚至違反規則。當然，這些只是文化描述，並不是價值判斷，更不算道德判斷。

直接 ——————— 含蓄

這個尺規是用來標記溝通表達時的說話方式。有的人表達時非常直接，好處是效率高，但說的話可能不那麼中聽；有的人說話很含蓄，感覺頗溫和，但也可能繞來繞去說不到重點。

誇大 ——————— 謙虛

這個尺規也是用來標記對方表達方式的。有些人說話喜歡誇大其詞，說什麼都先加個驚嘆號；有些人則謙虛低調，有十也只說五。

個人 ——————— 集體

這是用來標記對方說話或做事時的風格的。不同文化背景的人，對於個人作用和集體作用的強調程度也不同，有的人喜歡單打獨鬥，個人英雄主義強烈；有的人則喜歡團隊作戰，崇尚集體主義。

以上這些尺規，就是標記對方文化特徵的一些觀察角度。當然，這些尺規並不是全部，我們也可以根據實際情況不斷增加或拓展自己的文化尺規工具。

需要注意的是，同一個溝通對象，在不同場景下，可

能會有不同的文化反映，根據場合、對象、具體溝通的事情等，其文化表現也可能會有所不同。所以，以上尺規都要放在具體的溝通場景中去運用，而不是大而化之地直接替對方貼標籤。

對組織形態的識別能力

什麼是組織？

簡單來說，兩個以上的人組成的團體就可以稱為一個組織。比如我們開了一家民宿，入住的可能是個旅行團，可能是一個公司來團康活動的部門，也可能是一對情侶。這三種客人都是組織。作為民宿的經營者，我們也在與組織打交道、做生意。

無論對方的組織是什麼形態，如企業、機關、學校、社團，甚至是一家人，我們都會有這樣一種感覺，就是和組織溝通時經常找不到人。和其中的一個人說完，之後就沒了下文；和另一個人說完，他又表示無法作主，甚至出現誰都不管的情況。有些年輕朋友也曾跟我吐槽與某些大公司合作的經歷，最後無奈地表示，感覺對方公司管理非常混亂，完全不知道該跟誰溝通才有效果。

其實，根本的問題並不是對方公司管理混亂，而是我們

沒有掌握分析一個組織結構的方法，比如組織形態、決策流程、利益和需求等，這一切都不如與個人溝通時那麼容易發現。所以，面對組織或機構時，如果我們缺乏識別的工具，不知如何獲取關鍵資訊，對話時就會感覺很吃力，或者總被對方牽著鼻子走。

1. 組織的基本特徵

每一種組織都有屬於自己的特徵，這些特徵是自然人所不具備的。要觀察和了解一個組織，我們就要從這些特徵著手。以上文所說入住民宿的旅行團、公司團康活動部門和一對情侶為例，我們來看看不同的組織都有哪些不同的特徵。

首先，我們要看組織的目標。

每個入住民宿的組織，都有一個清晰的短期目標：希望將自己預定的行程順利完成。但是，長期目標卻各不相同，比如旅行團通常沒有長期目標，旅行結束後就解散了；一個公司或公司的一個部門一定有相對長期的目標，就是取得市場競爭優勢，將自己的公司或團隊做強做大；一對情侶也有長期目標，就是希望增進感情，長期生活，但也可能在此次旅行中因為某些事情吵翻，回去就分手了，因此他們的長期目標就不及企業那麼穩定。

其次，我們要看組織的結合方式和管理結構。

旅行團是因為大家有共同的旅行目的地而結合在一起的，這是一種特殊的訴求或興趣，所以這個組織的管理結構非常鬆散，大家各行其是，導遊也只負責每天帶著大家到處遊玩。

公司是因為要共同創造經濟價值而結合在一起，所以它的結構很緊密，既有領導者，又有規則紀律。即使是在旅行過程中，公司的各種制度、文化、人際關係等也依然存在於這個團體中。

情侶是靠感情結合在一起的，也是緊密的組織。

透過對上面三個組織的分析可以看到，組織的結合方式在一定程度上決定了組織的管理結構，也決定了組織的邊界是否清晰。比如一對情侶的邊界就是兩個人，如果再加入一個朋友，這個組織就變成了朋友結伴旅行，只不過其中有一對情侶。

同時，這些組織都掌握了一些資源。資源分對外資源和對內資源，對外資源就是這幾個入住民宿的組織都有錢，這是經濟資源；旅行社或導遊還可能對民宿具有議價能力，情侶或旅行達人還可能會拍攝影片來評價民宿，由此影響民宿的口碑。這些都是組織的對外資源，並且這些對外資源還可

能影響你與組織的關係。換句話說，對外資源就是我們主要能加以利用的。

　　對內資源主要是對組織內部來說的，比如旅行團會由導遊來決定行程安排，這是一種比較淺的資源；情侶之間可以相互影響，這是一種比較深的資源；公司的對內資源最多，有紀律、獎懲和人事權，甚至有將人開除出組織的權力等。

　　以上這些都是組織所具備的特徵。如果用**組織畫像清單**來為組織畫像，可以這樣列舉特徵（見表 2-2）：

表 **2-2**　組織畫像清單

目標		短期□　　長期□
結合方式		經濟□　　血緣／親緣□　　特別訴求□
邊界		清晰□　　變動□
掌握資源	對外資源	經濟能力□　　政治能力□　　影響力□
	對內資源	獎懲能力□　　開除成員能力□

　　我們可以在對應選項上打勾，用這個清單來描述組織的樣貌。別看這個工具簡單，它在很多地方都可以運用。打上勾以後，我們就能清晰地知道自己面對的是一個怎樣的組織，以及這個組織具有哪些型態特徵了。

2. 識別組織內部的決策情況

在講律師談判的課程時，我把這一講稱為「Who Decides What」，意思是說，在一個組織中，你要搞清楚：誰決定了什麼事。

這是一個複雜的問題，但很多人總把組織的決策過程想得過於簡單，就像我們小時候看歷史，總是不理解為什麼皇帝說了不算一樣。既然皇帝可以殺人，哪個宰相、哪個大臣不聽話，直接殺了不就好了？現在看來，這個想法很幼稚，但是面對現實生活中的組織時，我們仍然會陷入這種幼稚的想法之中。

要弄清「who decides what」這個問題，我們需要從縱向和橫向兩個視角去觀察。其中，縱向就是組織的層級結構，橫向則是組織的部門結構。要與一個組織進行對話，首先要從該組織派來跟你溝通的那個人著手。

假如你是一個做設計的創業公司，要為一個大公司設計公司標誌，對方公司派來一個行銷部經理跟你溝通。這時，我們就可以從這個行銷部經理開始分析對方的組織決策結構，找到對方組織結構的啟動按鈕。

首先，從縱向觀察，你可以觀察一下對方的上級是誰。一般來說，行銷部經理的上級是行銷部總監，再向上可能還

有管理行銷部的副總裁、公司總裁。而對方的下級可能是行銷部助理。

　　弄清縱向結構後，我們可以思考一下：對方公司與我們簽約的決定權在誰手裡？透過溝通，我們發現，這位經理雖然負責跟我們談判，但決定不了最終的簽約問題。真正能決定簽約的人，可能就是行銷部總監或副總裁。

　　接下來，再從橫向觀察，行銷部經理每次跟我們見面時都會帶著公關部的一位同事，有時還要跟產品部門、財務部門的人進行溝通。任何一個組織內部的各部門之間都有著千絲萬縷的關係，有些部門是合作的，比如公司要打造一款新的洗髮精，就需要研發部門與銷售部門進行合作；有些部門是負責監督的，比如財務部門就要監督每一筆花費的去向；還有些部門是反對的，比如公司另一條做沐浴露的生產線，可能就反對推出新的洗髮精，認為這些資源應該投到沐浴露生產線上。

　　弄清縱向和橫向兩條線後，我們就可以畫出一橫一縱兩條線。其中，縱線代表層級，橫線代表部門，交叉點就是跟我們溝通的那個人。在這個十字分析工具（如圖 2-5 所示）上，縱線和橫線的交叉點越高，說明跟我們直接溝通的這個人級別越高；反之，級別就越低。同樣，縱線越長，說明對

方公司的層級越多，一件事的審核流程就可能越長；橫線越長，則說明這件事涉及的部門越多，一件事的跨部門合作就越重要。我們可以把與這件事有關的直接相關部門寫在離交叉點較近的位置，而將間接相關或發揮輔助作用的部門寫在離交叉點較遠的位置；也可以將基本態度是促成這件事的部門寫在橫線之上，把反對和掣肘的部門寫在橫線以下。這樣一來，我們就能更加清楚直觀地看到，在這件事中哪些是支持力量，哪些是阻礙力量。

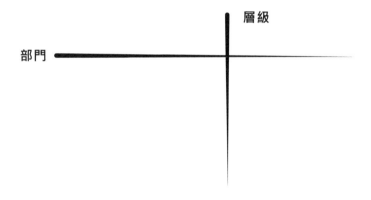

圖 2-5　十字分析工具

　　有了這個十字分析工具，我們就可以弄清與我們直接溝通的人是不是能夠決策的核心人物，或者是接近核心的人

物了，同時也可以弄清我們與對方的合作審核流程是不是很長、需要協調的部門是不是很多，等等。在找到組織的核心部門和核心決策人之後，我們還要觀察一點，就是這個項目的決策者是一人還是多人。不同組織結構的決策風格也是不同的，找到了決策者，還要想辦法洞悉對方組織的決策風格，這樣才有可能達成最終的合作。

3. 不同組織結構的決策風格

識別組織結構的決策風格，也是我們識別一個組織的重要環節。有些組織是老闆或高階管理層有絕對決策權，其他人都是經理人。這是典型的資本式管理，誰出錢誰就是股東，誰就說了算。

還有些組織，老闆只提供戰略方向和精神指引，其他人在這一前提下盡情地去發揮和營運。這種組織被稱為教主型組織，即上面有個教主，大家服從他的管理，但教主自己並不管下面具體的事務，具體事務都由公司的中高層管理者負責推動。

還有一種官僚型組織，它就像古代的官場一樣，大部分人面對工作時都是不求有功、但求無過，只要保住自己的職位，資歷到了順利升官，年紀到了安全退休就行。這種組織

裡互相推諉的現象最多，因為誰都不想承擔責任，也不願意主動拓展。

弄清了對方組織的決策風格後，我們就可以把這些風格標在十字分析工具上，我們了解和識別該組織的型態便又多了一個維度。

4. 組織利益與個人利益

關鍵性溝通的核心是利益，發現了利益，找到了需求，就可以藉由利益交換來滿足雙方的需求，從而使溝通成功。如果溝通的對象為個人，利益會比較清晰，但如果溝通對象是組織，我們首要考慮的就應該是組織的利益。雖然組織也是由人代表的，但代表組織的這個人的個人利益卻不一定等同於組織的利益。

一般來說，個人利益與組織利益有三種不同情況。第一種情況，組織利益與個人利益大略一致。比如，一個公司的採購經理來跟我們談一筆業務，要購買五十台筆記型電腦，那麼他個人的目標就是維護公司利益，把這批貨物用最少的資源和最低的成本拿到手。這時，個人利益與組織利益就是相同的。

第二種情況，組織利益與個人利益有重合，但也有不一

致。比如，這個採購經理為了公司利益正準備跟我們談判，忽然他家裡有事來不了，他只能在當地找一家供應商，價格雖然比從我們這裡購買要高，但他不需要出差就能把合約簽了。這時，他仍然在為組織辦事，只是由於個人利益，他沒有將組織利益最大化。

第三種情況，組織利益與個人利益相矛盾。採購經理接到公司採購電腦的任務後，發現自己的親戚剛好是賣電腦的，於是就跟親戚裡應外合，故意把售價抬高，讓親戚多賺錢，他自己也從中拿了一定的回扣。在這種情況下，個人利益就完全與組織利益相悖，並且還嚴重違反了公司規定，甚至可能涉嫌違法。

面對這三種不同的情況，我們首先要識別個人與組織之間利益的異同，在了解組織利益的基礎之上，再去判斷能否滿足或在多大程度上滿足對方所代表的個人利益。如果對方個人只是需要尊重、需要面子，那是比較容易滿足的，但如果涉及金錢或其他資源，我們就要慎重考慮其中的合規問題、道德問題等因素了。

交換和創造價值能力：
好價錢到底是怎麼談出來的

溝通中交換和創造價值的能力，主要與行銷能力有關。有些人可能覺得：我又不需要做推銷、賣保險，具備這個能力有什麼用呢？在溝通或談判中，我直接把自己的想法一五一十地說出來不就行了嗎？

我以前也有過這樣的想法。尤其作為一個從事法律工作的人，我更喜歡用法律的概念和邏輯來說清楚事情，缺乏行銷觀念。但後來我慢慢發現，在很多溝通場景中，想要找到正確的方法、應用正確的行為，就必須具備一定的經濟學和行銷學知識，這些知識對於我們提升自己的溝通對話能力有十分關鍵的作用，同時又可以防止溝通對手將我們引入某種圈套或陷阱之中。

當然，關鍵性溝通最終是要尋找雙方的需求，並藉由利益調整讓雙方的需求都得到滿足。在這個過程中，如果我們用話術、圈套、陷阱去欺騙對方，哪怕對方當時沒意識到，過後一旦想明白了，與我們的合作和交易也就到頭了。

除了金錢，還有一個很重要的利益就是關係利益。在溝通談判中，我們可能憑藉自己的行銷知識和「聰明才智」得

到了更多的實質利益，但如果破壞了彼此間的關係利益，對我們個人與他人的關係、我們的信譽度、說話的誠實度，甚至整個人的美譽度等，都會造成很大的傷害。此後再想尋找合作夥伴，可能就會遇到更多困難。尤其在一個相對熟悉的環境中，周圍人一旦感覺我們的話術手段太多、行銷花招太多的話，就會認定我們不夠誠實，跟我們合作有風險。

因此，掌握行銷學知識是為了在關鍵性溝通中合理運用，而不是走向一個極端。理解這個前提後，接下來我們可以學習一下溝通中需要掌握哪些比較重要的行銷學知識。

▓ 溝通中的定位思維

行銷學中有一個非常重要的名詞：定位，這個詞可以稱得上是行銷學中相當不可或缺的支柱。

什麼是定位呢？從行銷學上來說，每種產品都有它所屬的領域，都要滿足消費者的某種需求。讓自己的產品在某個領域或某個賽道上滿足消費者特定的需求，並且能占據數一數二的位置，這就是我們對產品的定位。

比如我問你，在中國的白酒當中，哪些品牌是數一數二的呢？你可能會回答茅台、五糧液；哪些咖啡品牌是數一數二的呢？你可能會回答星巴克。總之，一說到某種事物，大

家能馬上想到某個品牌，這就是定位。定位做得好，甚至可以把這個產品品牌變為一類產品的名稱，讓自己的品牌更加深入人心。做到這一點，產品定位就成功了。

但是，在為產品定位時也要注意一個關鍵問題，就是定位一定要精準地找到需求。比如，「怕上火喝王老吉」、「送禮還收腦白金[6]」，這些都是精準地找到了需求的定位，所以才更深入人心。

如果我們為自己定位，也要精準地找到相應的需求。舉個例子，如果一個人對自己的定位是做公司併購業務的律師，或者是做國際業務的律師，這樣的律師其實有成百上千，那麼這個定位就不精準。但如果他說，他參加過一些商事仲裁，是兼跨訴訟和非訴訟律師，這樣的人就比較少了；如果他再說，他還參加過外語仲裁庭，甚至是事務所裡年輕一代中能進行外語仲裁的非訴訟律師，這個定位就更明確了。大家一提到這些事務，第一個想到的人就會是他。

所以，**當你成為某個領域中第一個被想起來的人，你對自己的定位就成功了**。

將定位的思維方式運用到溝通中，就是如何將自己的想

---

6 腦白金：中國保健品品牌，「收禮還收腦白金」或「收禮只收腦白金」是其知名度最高的廣告詞。

法、觀點等說給別人聽，並且讓別人接受。

　　你和父母準備去三亞旅遊，他們平時比較節儉，想在旅遊期間入住便宜的旅館，但你想讓父母住得更好一些，於是訂了三亞的亞特蘭提斯酒店。這時，你再跟父母聊旅遊的事時，就可以時不時地說亞特蘭提斯酒店有多好、多麼適合家庭旅遊，雖然比較貴，但很超值。慢慢地，當父母再跟你討論旅遊時，也不再直接說旅遊地點，而是說等我們入住亞特蘭提斯之後如何如何了。這個時候，你為亞特蘭提斯的定位就成功了。

　　由此可以看出，只有在溝通中做好定位，才能讓溝通更加高效，也才更容易讓具體的產品、想法、方案等被人接受。當然，要完全做好這些，除了準確定位，還需要用到行銷學上一個非常基礎的模型。

▒ 4P 模型

　　4P 模型理論產生於美國，是行銷學中一個非常基礎的模型，也是四個基本行銷策略的組合。它的意思是，想要對一款產品進行完整的市場行銷活動，就必須從四個方面同時進

行，這四個方面分別為：產品（Product）、價格（Price）、促銷（Promotion）、管道（Place）。

1. 產品

產品就是指產品定位，也是指產品的獨特賣點。如果我們將自己比作一件產品，來為自己定位，就是如何讓自己的想法或方案等被大家接受。

2. 價格

在溝通談判過程中，價格是個很關鍵的問題，如何用一個好價錢談下一筆業務或者實現一次合作，是關鍵性溝通中要解決的重要問題。

關於價格的溝通，主要涉及誰先開價和怎麼開價的問題。溝通中的開價，其實就是提條件，它可能不是一個具體的價格數字。比如，媽媽對孩子說：你期末考試必須六科都考滿分，我才會帶你去迪士尼玩。這就是一個開價，但孩子不一定會直接接受，而是會跟媽媽討價還價，比如對媽媽說：不行，我只要有一科考滿分，我就想去迪士尼。這時，媽媽也可以繼續跟孩子提要求，比如：你至少要有兩科考滿分，其他四科還要考九十五分以上才行。

　　這就是一個討價還價的過程。任何關於成交條件的溝通與討論，都可以被認為是價格討論。

　　關於價格的溝通和討論，我們需要遵循兩個原則：第一個原則是，我們要爭取拿到開價權。只要你有機會開價，就不要把這項權利拱手讓給對方，而是握在自己手裡。第二個原則是，我們要先把價格開得高一些，留給對方砍價的餘地。心理學上有個名詞，叫定錨效應。它的意思是說，人們在對某個人、某件事做出判斷時，容易受第一印象或第一資訊的支配，或者會將某些特定數值作為起始值。起始值就像沉入海底的錨一樣，制約著估計值。

　　一個男生想買個名牌包給女友，就先去櫃檯打聽了價格，想等女友生日時買來送給她，當作一個驚喜。可是他到櫃檯一問，一個包要五萬元，他立刻大吃一驚：一個包而已，要這麼貴嗎？雖然他當時就決定不買了，甚至對這個價格嗤之以鼻，但這個包的價格，五萬元，在他心裡就定錨了，從此他會認為，這個品牌的包就是這樣的價位。

　　當然，在實際溝通中，如果我們認為對方開出的價格過高，我們也可以進行反定錨。尤其對一些標價不明確的產

品，定錨和反定錨的回合非常多。

　　我小時候喜歡收藏古錢幣，經常會到一些地攤上去「尋寶」。有一次，我在一個攤位上看到一枚錢幣，賣家稱這是北宋的大觀通寶，向我報價四百元人民幣。我一聽，這個價格我買不起啊，所以就準備離開。老闆見狀，馬上過來問我：「你想多少錢買？」這其實就給了我一個反定錨的機會，於是我報價「二十元人民幣」。

　　有句俗話叫「漫天要價，坐地還價」，我跟這個賣錢幣的老闆之間就是如此，這也是一個定錨與反定錨的過程。但是，在這個過程中我們也要注意幾點誤區。

　　首先，不要覺得雙方報價的中位數就是合理的。因為如果對方報價太高，就會拉高中位數，導致價格仍然虛高。

　　其次，有些時候不要拚命抓住開價權，而是讓對方去定錨。這種情況比較例外，但你要掌握這個原則。

　　一九一二年，狄奧多・羅斯福競選美國總統時，印刷了三百萬份宣傳海報，海報上的照片是一位攝影師以前幫他拍攝的。但是海報印完後，競選團隊才發現，這張照片他們沒有版權。如果現在去買，幾百萬張照片的版權費是一筆很大的數字，但如果不用這張照片，就會浪費前期的

製作費用，更重要的是耽誤宣傳日程。

　　這時，競選團隊中的一位工作人員打了通電話給攝影師，告知攝影師說，他拍攝的一張羅斯福的照片被競選團隊選中了，準備用在競選海報上，當然也有其他幾位攝影師的作品被選中。所以，他想問問每位攝影師，包括這位攝影師，都願意出多少錢，獲得讓他們的作品登上競選海報的機會。這位攝影師想了一會兒說：「感謝你們給我這個機會，我最多只能出兩百五十美元。」

　　本來是應該付給攝影師一大筆錢的事，反而成了攝影師要付給競選團隊兩百五十美元。之所以出現這樣的反轉，就在於競選團隊清楚地知道，攝影師對競選資訊知之甚少，因而將定錨機會拋給了攝影師。

　　有些時候，在資訊嚴重不對稱的情況下，對方就會低估自己的報價能力。這時我們將開價權拋給對方，再從對方手裡接過來，就會在溝通中占據主導地位。當然，這屬於特殊情況，在大多數情況下，我們都應該將開價權掌握在自己手中，開出偏高一些的價格，給對方留下討價還價的餘地，溝通才更容易進行下去。

3. 促銷

在關鍵性溝通中，宣傳就是打廣告。尤其在一些商務談判中，第一次見到客戶，人家不認識我們，也不了解我們所在的行業，想讓對方願意聽我們的話，接受我們的條件，我們就要學會宣傳自己，比如我們做過哪些專案、得過哪些獎項等，都可以在不經意間表達出來。

除了打廣告，宣傳還包括利用好周圍的資源做公關。我的一個公關公司的朋友曾跟我講，如果你想讓一個女生對你有好感，就在她每天的必經之路上貼滿誇獎她的海報，這就是廣告，而你拜託她的閨密天天在她耳邊說你的好，這就是公關。這個例子生動地說明了廣告和公關的不同特點。

需要注意的是，在打廣告和公關時，我們一定要留意關鍵意見領袖（KOL）。先藉由恰當的方法去影響關鍵意見領袖，再透過關鍵意見領袖去影響其他人，你的宣傳和公關就會省力不少。

4. 管道

行銷學中的管道，是幫助產品或服務從生產者轉至消費者，使之被使用或者被消費的一系列相互依賴的組織。放在溝通中指的就是場合，這個場合主要包括時間、地點、溝通

雙方的狀態等。你能找準時機、找對地點，調整好溝通狀態，你的想法和方案才更容易被人接受。

以上就是行銷學中的 4P 模型，掌握了這個工具，我們在溝通談判過程中才更容易抓住主動權，有效地實現價值的交換和創造。

▓▓▓ 心理帳戶和損失厭惡

心理帳戶和損失厭惡是行銷學中兩個非常有趣也相當有用的概念。要理解這兩個概念，我先講個小故事。

我有一位非常有錢的同學，人也大方，平時喜歡請客，但是每次請客時，他都不喜歡西餐廳那種昂貴的大瓶氣泡水。有時沒跟餐廳溝通清楚，餐廳為一桌人打開兩、三瓶氣泡水，他就會很沮喪，說花一筆錢喝一瓶水，很不值得。

他平時的消費水準就很高，請同學朋友吃飯也都是去很好的餐廳，為什麼他就那麼在意氣泡水的價錢呢？

這就是由於每個人都有不同的心理帳戶，所以也會有不同的記帳方式和心理運算規則。比如，我在假期帶孩子到北

京環球影城玩，買門票和零食要花不少錢，費用比帶孩子去普通公園高很多。如果我認為這是一個家庭消費，就會覺得很貴，但如果我認為自己很久沒陪孩子了，現在終於有時間陪孩子出去玩，孩子很開心，我就覺得這個錢花得很值得。為什麼說孩子的錢最好賺，就是因為商家看準了家長肯為孩子花錢的心理帳戶，才會輕易地把錢從家長的口袋中賺走。

或者，你想為自己換一支好一點的手機，卻一直捨不得，但當你知道正在追求的對象的生日願望就是一支昂貴手機時，你一下子就買給她了。為什麼？不是這支手機的性能或者價值變了，而是它從你不同的心理帳戶裡把錢賺走了。我們和別人溝通時，比如說服別人同意自己的一個觀點，或者賣給別人一項服務、一個產品，關鍵要看是從對方的哪個心理帳戶裡走。很多時候不是觀點本身，也不是便宜和昂貴的問題，而是你有沒有看準對方的心理帳戶。

損失厭惡在日常生活中也經常遇到，它是指人們面對同樣數量的收益和損失時，往往認為損失更令他們難以忍受。比如，超市發給我們幾張優惠券，我們可能會利用這些優惠券買一些根本沒用的東西，這就是因為我們厭惡不用那幾張優惠券的損失。

一些交易性質的溝通中也會存在損失厭惡效應。比如，

我們去採購印表機時，賣家答應送墨水匣，我們很高興。但當我們要求賣家一個月內交貨時，賣家稱時間緊張，成本增加，就不送墨水匣了，這時我們就會重新考慮交貨時間問題，因為我們厭惡沒有了墨水匣的損失。簡單來說，就是有便宜卻不占，心裡難受。

　　總而言之，要在溝通中實現價值的交換和創造，掌握一些行銷學知識和模型是很有必要的。尤其是針對不同的溝通對象要做好自己的定位，掌握好價格談判的策略，準確找到對方的心理帳戶，以及利用好對方的損失厭惡心理等。同時，我們還要防止對方對我們實施「反策略」，利用我們的心理帳戶和損失厭惡心理來進行談判。也就是說，對於行銷學中的這些技術，我們要懂，也能用，別人用時我們要能看透、能識破，但不要讓自己陷入這些話術或技術中，這個原則一定要記住。

策略和賽局能力：樹立起技高一籌的更大格局

在生活中，我們會面臨很多賽局，比如買東西、談合約等。每一次賽局，我們不但要考慮自身所採取的策略，還要考慮對方可能採取的策略。尤其在雙方資訊不對稱，無法完全建立信任的情況下，更需要積極思考如何設計自己的溝通方式，並根據對方的回應來做相應的調整。這種溝通思路就是策略和賽局。

任何複雜的溝通對話，都會有策略和賽局在裡面。有些人想要學習賽局理論，但打開相關圖書一看，很快就被嚇退了，因為裡面的內容看起來十分高深，想要完全吃透很不容易。但是，策略和賽局的基本思路和應用場景通常並不需要你具備多麼精深的造詣，透過一些基礎的學習，就能運用賽局思維去看待一些事情。尤其在溝通對話中，賽局理論的思維可以幫我們洞悉自己所處的局面或環境，並採取相應的策略和方法。

賽局理論的基礎與納許均衡

想了解賽局理論，就要先了解一個思維實驗場景：囚徒困境。它的經過是這樣的：

　　兩個犯罪嫌疑人合夥幹了一件壞事，之後同時被抓。警察把兩個人分別關在不同的屋子裡，防止他們串供，但因為缺乏足夠的證據，又不能直接判刑，於是就告訴他們，如果他們兩個人選擇坦白，互相揭發對方，並且證據確鑿，每個人將分別被判刑八年；如果有一個人坦白和揭發對方，另一個人沉默，那麼坦白者會因為立功而立即被釋放，沉默者則會因不合作而被判刑十年；如果兩個人都不坦白，也不揭發對方，會因證據不確定，每人各被判刑一年。

　　在這種情況下，兩個嫌疑人就會思考自己到底要不要主動坦白和揭發對方的問題。此時，兩個嫌疑人面臨的策略基本上是一致的：合作和背叛。如果雙方合作，都不肯坦白，也不揭發對方，每個人只獲刑一年。從整體上來看，這也是最輕的懲罰。但由於雙方不能互通有無，也無法互相信任，一旦自己不坦白、不揭發，而對方坦白揭發了，那麼自己就會被判刑十年，對方卻可以馬上回家。在這個風險刺激下，兩個嫌疑人最終可能都會選擇主動坦白和揭發。

　　在這個過程中，兩個嫌疑人都無法做出從整體上看利益最大的那個選擇，這就是他們的困境。而兩個人都選擇坦

白和互相揭發，最終被判刑八年，這一結局就被稱為納許均衡，也叫非合作均衡。換言之，在這種情況下，沒有哪個參與者可以「獨自行動」（單方面改變決定）而增加收穫。

從上面的案例也可以看出，有賽局的地方就會產生策略，策略和賽局是彼此聯繫在一起的。

賽局理論中還有個著名的場景思維實驗：智豬賽局。實驗是這樣設計的：

有兩頭豬，一頭大，一頭小，當牠們站在飼料槽前時，面前各有一個踏板，只要一踩踏板，飼料槽裡就會出現食物。問題是，豬踩下踏板後，食物並不會出現在自己的飼料槽裡，而是出現在另一頭豬的飼料槽裡。兩頭豬的食量和進食速度都大不相同，大豬踩踏板，小豬面前出現食物，小豬吃得慢，大豬就可以跑過去把小豬剩下的一半吃掉；如果小豬踩踏板，大豬面前出現食物，等小豬過去，進食速度快的大豬就把食物吃完了，小豬就要挨餓。

那麼，在這個場景思維實驗中，大豬和小豬要分別採取什麼策略才能達到均衡呢？

答案是小豬選擇「搭便車」策略，也就是舒舒服服地等

在飼料槽邊，大豬則為了吃點殘羹不知疲倦地奔忙於踏板和小豬的飼料槽之間。因為對小豬而言，踩踏板的結果就是餓肚子，不踩踏板反而能吃到食物；反觀大豬，不踩踏板就什麼都吃不到，踩踏板還能吃一半殘羹冷炙，相比較之下，踩踏板比不踩好，所以大豬只能採取這種劣勢策略，每次吃一半食物。

實際上，如果兩頭豬互相信任，就可以商量好，你幫我踩，我幫你踩，這樣大家都能吃飽。但是小豬要防著大豬過來跟自己搶食物，並且只要大豬來搶一次，牠們之間脆弱的信任就會被打破。一旦沒有信任，二者的意見也就無法達成一致了。

我們常說，世界上沒有絕對的信任，只有背叛的收益和信任的價值之間的權衡。這種說法雖然悲觀，但也只有認清真相，我們才能更好地創造價值。人們之所以不願意完全說真話，互相之間不斷較量，有時也是因為真話與利益之間是存在矛盾的。

▓ 策略：一套完整的行動方案

有賽局，就有策略，策略也是賽局理論中的一項核心概念。在賽局中，策略指的是參與者在行動之前準備好的一整

套完整的行動方案或行動備案。

從字面意思來看，策略就是謀劃和經營的意思，也可以稱其為戰略和戰術的一部分，或者說，它包括了從戰略到戰術一系列的方法和步驟。比如，要做好一件事，怎樣可以讓資源投入相對較小，效果呈現相對較大；怎樣快速得到結果，同時還要根據對方和環境條件的變化做出相應的決定。這些都是策略。

如果從策略角度來看，納許均衡的意思就是說：你的策略不變時，我的策略就是對我來說最好的策略；同樣，我的策略不變時，你的策略也是對你來說最好的策略。雙方在對方策略不變時，是沒有動力去調整自己的既定策略的。

放在溝通談判中，誰都不肯讓步也是一種均衡，即我們常說的談判出現了僵局。在彼此都不改變條件的前提下，這種僵局的均衡是無法打破的。雖然均衡是指所有賽局參與者的最佳策略組合，但並不意味著均衡就是所有參與者希望得到的最佳結果，有時反而可能是雙方總體感覺最差的結果。就像在囚徒困境中，雙方明明可以各被判刑一年，但他們的策略卻均衡在各自被判刑八年上，很顯然，這個均衡對每個人來說都不是最佳結果。

在溝通或談判過程中，如果出現了各方都在使用自保

策略，而不是合作策略，那就可能陷入囚徒困境，或者出現「搭便車」策略，自己什麼都不做，只等著靠別人，像智豬賽局那樣，最後出現比較差的均衡，或陷入談判僵局。這時，我們就要檢查一下，眼前的賽局條件是不是令大家得出的策略影響了整體利益。

過去的足球比賽，不論是積分制的聯賽還是世界盃小組賽，球隊贏一場球得兩分，平一場球得一分，輸了的得零分。後來人們發現，在這種賽制下，小組賽階段的平局比較多，雙方對得一分都很滿意。平兩場就等於贏了一場，因為小組賽中一共就三場比賽，在這種雙方有默契的情況下，大家都努力踢成平局。而平局對整個賽事來說是不利的，因為不夠激烈，觀眾更喜歡看你爭我奪的比賽。所以這個賽制後來就改了，一九九四年美國世界盃開始借鑑英國聯賽的方法，小組賽裡勝一場得三分。這樣一來，球員們爭奪勝利的欲望和動力就變強了，觀眾觀看比賽的熱情也再次被激發起來。

策略的制定：賽局樹

在了解賽局理論和策略思維的基礎內容後，我們在溝通

對話過程中就可以進行策略的設計和制定了。

關於溝通策略的設計和制定，我推薦兩個工具。

1.SWOT 分析工具

在任何時候，我們設計和制定的策略都必須基於現實情況進行分析。在溝通對話中，這個分析自然要緊緊圍繞溝通內容的核心，也就是利益和需求來進行。同時，我們還要識別對方的能力，理解自己與對方的強弱比較，釐清溝通的難點和障礙在哪裡，等等。

弄清了上述這些資訊後，我們就可以運用「強弱危機分析」（SWOT 分析）工具來進行策略分析，進而得出相應的結論。

SWOT 的四個英文字母，其實是 Strength（優勢）、Weakness（劣勢）、Opportunity（機會）和 Threat（威脅）四個單詞首字母的縮寫。在這個分析工具中，優勢和劣勢是一對指標，指的是自身的情況，從數線上看，它可以寫成從左邊 W 到右邊 S 的橫軸；機會和威脅也是一對指標，可以理解為對方的情況，也可以理解成外部情況、外部威脅，從數線上看，它可以寫成從 T 上升到 O 的縱軸（如圖 2-6 所示）。

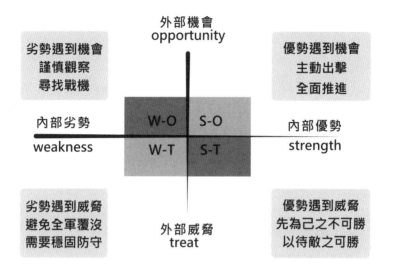

圖 2-6 　SWOT 分析工具

這樣一來，我們就發現，這兩對概念出現了四種組合：

- S－O：優勢遇到機會，可以主動出擊，全面推進。

- W－O：劣勢遇到機會，需要謹慎觀察，尋找戰機，
  避免在不對的時機出手。

- S－T：優勢遇到威脅，需要鞏固陣地，高築牆，廣
  積糧，先為己之不可勝，以待敵之可勝。

- W－T：劣勢遇到威脅，需要穩固防守，打不贏就
  跑，避免全軍覆沒，沒有翻盤機會。

如果我們用戰術來說明 SWOT 分析工具，那就是：

- 敵進我退：劣勢＋威脅（W－T）；
- 敵退我進：優勢＋威脅（S－T）；
- 敵駐我擾：劣勢＋機會（W－O）；
- 敵疲我打：優勢＋機會（S－O）。

這四種組合也能夠畫成四個象限，幫助我們更加直觀地看到 SWOT 分析結果圖景（如圖 2-7 所示）。

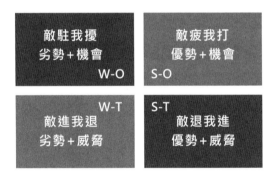

圖 2-7　SWOT 分析四象限策略圖

從這個四象限策略圖來看，制定策略還有一個要點，就是要分情況討論清楚，對於各種情況都要有備案、評估和應對措施。用前文我們學過的 MECE 模型來說，就是在制定策

略時，對各種情況的評估要做到不重不漏。

2. 對話樹工具

對話樹本質上也是賽局樹，原本是用來推導各種情況和制定決策的。此處我們把它用在關鍵性溝通中，將其稱為對話樹。

對話樹該怎麼畫呢？讓我用一個例子來說明。

它首先有個起點，一般是一個提議，比如我們租房子時，可能會向房東提出，對方應該換一套新家具給我們使用。提議提出來後，房東可能會做出三種反應：同意，不同意，以及部分同意部分拒絕。這三種反應就是對話樹的三個節點，或者叫三個分叉，分別對應同意、不同意和部分同意部分拒絕。

接下來，在「同意」分叉上會直接得出結果，雙方達成一致。

在「不同意」的分叉上，則會再生出一個節點，就是我們的回饋。回饋一般有兩種：一種是不談了，溝通終止；另一種是我們進行反提案，對方不同意換家具，我們就提出至少要把床和沙發換了，這就構成了一個新的提

議，並且從這個提議上再次生出不同的節點。

　　而在「部分同意部分拒絕」的分叉上，也會生出一個節點，即只同意換一部分家具，比如房東只同意更換壞了的衣櫃，其他不同意換。這時，我們又會產生兩種回饋：一種是同意，達成一致，另一種是拒絕。同時拒絕也會有兩種情況：一種是對話直接停止，另一種是提出反提案，如衣櫃要換，床和沙發也要換（如圖 2-8 所示）。

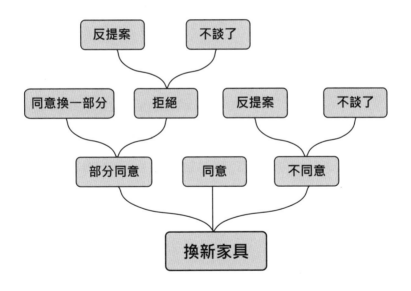

圖 2-8 對話樹分析圖

　　從這個對話樹分析圖可以看出，一個對話樹有起點、有節點、有分叉、有結果，直到分叉上的每個問題都達成協議或者終止溝通。有了這個對話樹工具，我們就可以對面臨的每一個議題做好策略上的準備。在 SWOT 分析工具的基礎上，我們還可以判斷對話樹上的每個節點應該如何應對，是同意、拒絕，還是部分同意部分拒絕，以及我們的備案是什麼，滿足什麼樣的條件可以成交，到什麼地步可以終止溝通，等等。具備了這些策略，我們在溝通過程中才可以做到心中有數，並且產生一種技高一籌、胸有大局的感覺。

外交能力：
把朋友搞得多多的，把敵人搞得少少的

　　很多時候，我們認為溝通、交流或談判只是我們雙方的事，我們只需要關注自身能力和對方能力即可。然而，當我們走進一個具體的生活和工作場景中時卻發現，很多事情都會涉及第三方。在一些關鍵性溝通中，也會存在當事雙方之外的利益相關者。

　　比如，在開一個專案會議時，我們就會發現，供應商、業主、自己公司的各個部門等都會參與進來。他們中有的人希望專案進度加快，有的人希望專案品質更好，還有的人希望先釐清職責後再開工……在這種紛繁複雜的局面中，我們就必須提升自己對外交往的能力，不但要找到一套有效的思維方法來為這些人歸類，劃分出哪些是自己的支持者，哪些是自己的反對方，還要透過溝通和對話盡可能地滿足多方的需求和利益。

　　事實上，絕大多數的關鍵性溝通都會有第三方的存在。想要得到自己滿意的結果，我們不但要看到第三方的存在，還要想辦法爭取到第三方的支持，將第三方的障礙降到最低，這也是我們在關鍵性溝通中要重點思考和解決的問題。

▦ 朋友和敵人

從政治學角度來說，外交是內政的延續，也是透過對外交往來實現利益的過程。外交環境既有我們的朋友，也有我們的敵人，如何區分他們很關鍵。

那麼，朋友和敵人是靠什麼來決定的呢？很簡單，是靠利益決定的。**利益大略一致的就是朋友，利益根本衝突的就是敵人**。這是一個基本思路。當然，現實生活是複雜的，很少會出現利益完全一致的朋友，也很少出現利益完全衝突的敵人，大部分人都處於中間某個位置，這就需要我們對其進行更細緻的劃分。

關於如何劃分朋友和敵人，我們可以運用一個基本的人群分析法：三分法。在我們周圍的人群中，肯定支持我們的，屬於我們的基本盤；肯定反對我們的，是我們的對手基本盤；其餘部分則屬於中間盤。

假如你想競選學生會主席，另一個班的一位同學也想競選。這時，你所在班裡的同學基本都會支持你，另一位同學所在班裡的人基本都會支持他，除此之外，還有其他班級同學的意見也很重要。在其他班級中，肯定有人支持你，也有人支持另一位同學，你想要勝出，就可以運用三分法，即**穩固基本盤，盡最大努力爭取中間盤，瓦解分化對手基本盤**。

在這個過程中，盡最大努力爭取中間盤是你工作的重點。

當然，中間盤的利益訴求也是很複雜的，甚至在中間盤內部，不同的人和團體的利益需求也是不一致的。要解決這個問題，就需要我們更加細緻地去分析，先將那些容易爭取的爭取過來，再透過利益交換和調整，爭取那些不容易爭取的，盡可能得到他們的支持。

比如，你個人比較喜歡各種文藝和體育活動，並且在這方面是強項，那麼在競選學生會主席時，那些喜歡文藝和體育活動的中間盤就是你容易爭取的部分，你可以與合唱團、籃球隊的同學打好關係，或者跟他們聊聊你的想法、計畫等，讓他們知道你對於籌辦各種活動的熱情和興趣，並透過他們去影響更多的文藝和體育愛好者。而對於那部分難以爭取的，你可以透過溝通了解他們的需求，再將他們最希望解決的幾件事列一個清單，承諾自己當選後會按照優先順序逐項幫助他們解決，由此爭取到他們的支持。

瓦解分化對手基本盤也不太容易，但如果有好的機會出現，你也可以嘗試。比如，對手的班級裡剛好還有一位同學想競選學生會主席，這時你不妨鼓勵他也出來參選，從而分掉你的對手基本盤的選票。

此外，我們還要時刻穩固好自己的基本盤。要知道，我

們盯著對方的基本盤，對方也在盯著我們的基本盤，不要因為過於關注中間盤而忽略了自己的忠實支持者。

這裡需要特別注意的一點是，在日常生活和工作中並沒有那麼多的敵人，所以不要輕易就把某個人、某群人劃為自己的對手。即使是大部分不支持我們的人，也只是中間盤裡離我們較遠的一些人而已，不要人為地製造對立面，為自己樹敵。我們要時刻遵循外交思維，就是把朋友搞得多多的，把敵人搞得少少的。**我們真正面對的敵人是需要解決的那個問題，而不是某個人或某群人**。就像俗話說的那樣：多個朋友多條路，多個敵人多堵牆，我們要多鋪路、少搭牆，這樣在與別人溝通和推進事情時才會容易得多。

▒ 公開和不公開

外交思維告訴我們，在溝通時要時刻考慮第三方。尤其是一些關鍵性溝通，更要確定第三方是否知道、知道多少、是否會支持我們，以及如果不知道，什麼時候可以公開，等等，這些問題都是需要全盤考慮的。即便是國家層面的外交，也是公開外交和閉門外交同時進行。雖然外交工作屬於政府工作，講究原則上公開，但一些外交活動之所以要保密，主要是避免事情還沒有辦，就反對聲浪四起，結果事情

最後辦不成。

一九七一年，美國前國務卿基辛格訪華，就是在保密的情況下進行的。當時，美國為了恢復與中國的外交關係，先透過巴基斯坦總統葉海亞·汗祕密傳遞訊息，後來在七月時，基辛格又花了幾天時間在越南、泰國、印度轉了一圈，之後到達巴基斯坦的伊斯蘭馬巴德。為了減少記者對他這趟亞洲之行的興趣，基辛格還故意把行程安排得很無聊。

七月八日晚上，基辛格在巴基斯坦的歡迎晚宴上故意裝作肚子疼，巴基斯坦總統葉海亞·汗就大聲說，是天氣太熱了，他要把基辛格送到自己的別墅裡休息幾天。這樣，基辛格就巧妙地避開了記者對其行蹤的追逐，隨後一行五人輕裝簡行，第二天中午便到達了北京，開始了對中國四十八小時的祕密訪問。[7]

這次訪問之所以如此保密，是因為雙方已經多年沒有面對面接觸了，完全不知道談判的結果是什麼。如果溝通失

---

7 亨利·基辛格（2016）。白宮歲月：基辛格回憶錄。載於 918-983 頁。上海：上海譯文出版社。

敗，沒有結果，外界也不會知道，但如果全世界都知道了，那麼相關國家和勢力很可能就會站出來反對，不利於談判順利進行。

我們日常的溝通和談判也需要考慮是選擇公開的還是私下的。比如，我們想換工作，在未辭職的情況下，我們跟新公司的接觸有很大的機率是私下的；大部分的投資併購交易也都是祕密進行的，哪怕涉及上市公司，也會盡量把交易放在會議室內，而不是放在媒體上，目的就是防止競爭對手、供應商、內部員工等反對，導致交易還未成熟，就因反對聲音過大而過早夭折了。

當然，有些溝通也是需要公開的，以獲得外界的支持。比如一些公共事件，當事人在媒體上發聲，就是為了製造輿論，爭取公眾和輿論的支持。人們對很多事情的態度都會隨著宣傳而轉變，就像你想在學校裡辦個活動，剛開始關注的人不多，你不停地宣傳，激發起人們的興趣，人們就會覺得，這個活動我得去看看。甚至一些原來不太熱情的人，也會產生想參與的興趣。

要注意的是，事情一旦公開，就沒辦法再轉成祕密狀態了，接下來我們就要採取積極的策略去應對公開後的事件進展情況，這是一條單行道。所以在公開之前，我們一定要考

慮全面，公開的時間、地點等是否適宜，是否等事情再向前發展一下再公開。掌握好這個尺度，事情才會沿著我們期望的方向發展。

⁞⁞⁞⁞ 交友之道

在溝通過程中，透過利益交換和調整可以爭取到更多的支持，也可以透過控制資訊的公開程度來減少反對的聲音，或者爭取到輿論的支持。但是，要獲得這些支持也不是一蹴而就的，我們需要平時好好經營自己的人際關係，這樣在事情發生時，才有可能獲得更多朋友的支持和幫助。

實際上，很多溝通除了對話雙方和有利益關係的第三方，與別人是沒有太大關係的。旁觀者對我們的事情是支持還是反對，很大程度上都取決於對方與我們的關係。在通常情況下，對於朋友的決定我們往往都願意支持，而對於不喜歡的人的舉動，我們往往會不以為然，甚至還可能反對。

這就提醒我們，在日常工作和生活中，想要在關鍵時刻獲得更多支持，就要讓別人對我們建立起積極、正面的印象。我們可以從三個方面努力做到這一點。

第一，要言而有信，平時做事重承諾，答應的事情要辦好。同時，盡量不要評價別人的事，即使評價了，也要盡量

站在公允的角度，不刻薄，不偏激。有了這樣的形象，在做事時，別人才會認為我們很可靠，對我們做的事也願意給予支持。

第二，**要心裡有他人**。別人有困難多幫忙，別人有情緒多理解，尤其是對於新加入群體的同學或同事等，多給予照顧，幫助他們盡快融入環境，這也是個非常好的交友方式。

第三，**要有謙虛開放的心態**。對於別人的事情，要以開放的態度傾聽，而不是展現出一副自己無所不能、無所不懂的樣子。如果我們的工作還涉及與不同國家的人交往，更要注意尊重對方的文化傳統，在向對方介紹自己國家文化的時候，也要潛移默化地介紹，不要強加於人，更不要有傲慢的態度。

總之，我們經常會在日常交往和溝通中運用到外交學的思維、外交官的做事方式，所以，提升自己的外交能力，不但可以讓我們的朋友越來越多、敵人越來越少，對於增強溝通對話成功率也有很大的幫助。在必要的時候，我們還可以讀一讀外交官寫的書，看看他們是如何在紛繁複雜的國家政治環境中，推動一場又一場的關鍵性溝通。

第三章

實戰場景中的策略和戰法

「工欲善其事，必先利其器。」作為一項社交必備技能，溝通能力並非速成，而是需要持久地學習與修練，同時還需要在實戰場景中運用各種策略和戰法，不斷磨練和提升自己的溝通技能。在此過程中，我們既要懂得一些溝通心理學和情緒處理方法，還要掌握一些關鍵招數，以應對溝通中可能出現的僵局、壓力、文化差異，甚至是陷阱和誤區等。任何一個關鍵性溝通的高手，都成於勤於學習、勇於實踐、善於總結，只有這樣才能在持續修練中完成從量變到質變的過程。

談判心理學：別讓情緒和表情出賣了你

溝通能力是一項複合能力，不是一招鮮，有時需要弄清對方的真實心理和意圖，所以懂一些心理學知識很關鍵。尤其是在一些關鍵性溝通談判中，心理學知識就更加不可或缺了。不過，心理學也不是包治百病的萬能藥，在學習溝通和談判的心理學知識時，也需要有恰當的態度。

有些人覺得，心理學就是讀心術。其實，溝通中的心理學是為了使溝通不受情緒和心理擺動的干擾，從而更加準確地發現彼此的需求，尋找共同利益。如果想利用心理學中的一些所謂技巧向對方施壓，占對方便宜，那就不是好的溝通，即使達成了協議，也沒辦法執行。

很多人都有過這樣的體驗：在與他人溝通時，自己心裡很緊張，也不知道對方心裡是怎麼想的，結果，因為找不到合理的解決方案而著急，或者為了盡快結束溝通，就在匆忙中達成一個協議，回去後發現自己並沒有溝通好。有時候，雙方溝通的氣氛有些對立，彼此不信任，即使有很好的解決方案，也會因為雙方都心存疑慮，最後難以達成彼此都滿意的協議。

當我們遇到上面這些問題時，就是溝通在心理學層面出

了問題，需要我們運用一些心理學知識來應對。

▨ 對話中的心態

　　有些人認為，溝通和談判就要抱著一定能談成的決心。我們不能說這種心態不對，但有必要再加上一句話：**實在談不成也沒關係**。如果沒有後半句，我們的溝通和談判多數會出問題。

　　假如我們要租房，於是和房仲一起去看房子。如果抱著今天一定要租下來的心態去看，多數不會租到特別滿意的房子，尤其在房仲看出我們心思的情況下。房仲行業有個「壞屋－好屋」技巧，意思是說，在帶客戶看房時，會先讓客戶看幾個比較破的，降低客戶的預期，然後再帶客戶看一個稍微好點的，並告訴客戶，這是很難找到的好房子，你得趕緊決定。客戶有了前面看到的幾處破房子做比較，現在看到一處不錯的，可能很快就會敲定。這種做法就是利用了租房者「今天一定要搞定」的心態。

　　在工作中，如果我們也抱著這種必須成交的心態去溝通和談判，其實是不理智的。

我在律師培訓中經常會使用模擬談判練習：先介紹一個交易背景，再請律師同學分組，五到六人為一組，每組當中有賣方也有買方。隨後，我會分別告訴他們條件和底牌，但「買賣雙方」互相都不知道，然後我給他們幾個小時去溝通談判。但是在談判之前，我都會告訴他們一點：「我要成交。」

這其實就是一個陷阱要求，我要考察一下，哪一組會在這種「必須成交」的心態下放棄太多，犧牲自己的核心利益。幸運的是，這種情況並不多，畢竟大家都是專業律師嘛！經過一番溝通談判後，如果實在成交不了，大家就會直接報告說：「抱歉，我們沒有成交，而且我們認為沒有成交對雙方都好。」

事實也的確如此。我在剛做律師的前三四年時，曾與一位客戶為北京奧運的一個專案進行了一系列的談判。這個客戶所在的企業是一個家族企業，負責人是一位老先生，他們從一九七〇年代起就從事與奧運有關的生意，如訂購比賽門票，幫客人預訂住宿、餐廳、車輛，或者為客人安排參觀行程等，然後把這些專案打包組合在一起，銷售給想看奧運的人。我們也可以把這種行為理解為以奧運為主題的客製化旅遊活動。

在談判過程中，由於涉及的問題多而複雜，談判進展並不順利，這時我就有些洩氣。反倒是客戶這邊的老先生過來安慰我，說沒關係，永遠都會有一個還不錯的解決方案。我很不解，就問是什麼方案，他說：「就是不做了啊！」

由此可以看出，真正良好的溝通談判心態，就是我們常說的「抱最好的希望，做最壞的打算」。英文也有類似的俗語「hope for the best, but prepare for the worst」。我們不需要做一個頭上纏著必勝頭巾的溝通者，而應該是一個樂觀有耐心的溝通者，是一個堅韌不拔，同時又有智慧的溝通者。

▓▓ 樂觀有耐心的對話者

什麼是樂觀有耐心的對話者呢？

簡單來說，這類對話者一般不接受對方提出來的第一個建議，也不會被「壞屋－好屋」戰術牽著鼻子走，而是對事態有自己的判斷。因為很多溝通談判都不是一次就能完成的，而是要經過一系列的接觸、試探、磨合、建議與反對建議，最終才有可能找到一個彼此都能認同的解決方案。有素養的溝通者一定要充分意識到這一點，不到合適的時機，不

講究畢其功於一役，而要始終保持一個有耐心、有韌性的態度。這個態度本身就能傳遞給對方，讓對方覺得你是有誠意的，你做的工作是扎實的，你是在努力、認真地尋找解決方法的。

同時，有素養的溝通者對於最終不能成交也有充分的心理準備。在鼓勵自己也鼓舞對方的時候，我們可以說：「我們一定要把這件事談成。」但自己心裡清楚，**任何事情都有談不成的可能**。即使對方是我們唯一的選擇，我們也不能讓對方覺察出這一點，否則我們就容易陷入被動。

在溝通談判過程中，我們要時刻觀察自己的情緒和心態。就像前文提到的「肩膀上的人」，這個人應該時刻監控著我們溝通表達時的狀態。在這個過程中，有情緒沒關係，關鍵在於不要讓情緒操控我們。遇到困難時，心態也不要崩，大不了今天不談，回去想想，下次再談。尤其是不要在氣氛不好、心態崩潰的情況下，做出攻擊對方、惡語相向的舉動，這很可能會對溝通談判造成無法彌補的損失，後期需要花費很多力氣才能讓談判重回正軌。

總之，在溝通談判中樹立起一個樂觀有耐心的對話者的姿態，肩膀上始終帶著一個觀察自己和對方的「人」，談話才更容易順利地進行。

⣿ 管理好對話者之間的關係

　　很多人認為，心理學是研究自己內心的學問，其實不然。從心理學角度來說，心理學是一種研究人與人之間關係的學問，而且大部分的心理問題，也都是人際關係的問題。如果把心理學應用到溝通領域來，它就是一種對彼此關係的把握、分析和覺察的能力。這是不是說明在一些關鍵性溝通中，彼此間一定要有良好融洽的關係才能進行呢？並非如此。有些溝通一開始就是對抗性的，甚至是帶有敵意的，但我們不能放任溝通在這樣一種惡劣的關係中進行，否則溝通很難有成效。我們的目標是：**盡量創造融洽的溝通關係，如果不行，也要管理好自己與對話者之間的關係。**

　　在溝通中，最關鍵的是利益，而不是立場。利益可以分為兩類，一類為實質利益，另一類是關係利益。實質利益就是我能從達成的協議裡得到什麼具體益處，關係利益則是我在溝通過程和結果上與對方建立什麼樣的關係。在多數情況下，實質利益很重要，但有時關係利益也很重要。我們不能為了關係利益而忽略了實質利益，但在一些特定的場景下，同樣不能因為對實質利益的追求而影響了關係利益。

　　我們常說「買賣不成情誼在」、「散買賣不散交情」，這都是在強調關係利益的重要性，也是在強調實質利益與關

係利益的平衡性。從直覺上來說，在一段融洽的關係中，溝通雙方更容易談成事情，達成協議；如果關係不好，很多本來容易談成的事也會變得困難。

那麼，如何在溝通中建立起融洽的關係呢？

1. 禮貌和微笑

融洽關係的表面功夫就是禮貌和微笑。雙方初次見面時，主動起身，主動握手，主動介紹自己，這是一種禮貌的行為。同時，微笑是一種很有感染力的表情，如果對方帶著善意的微笑與我們說話，我們很難不以微笑回應。即使這場溝通很重要，我們內心的壓力很大，感到很緊張，在微笑的那一刻，我們也會感覺內心比較放鬆。所以，越是在緊張的場合越要微笑，對我們也越有利。

我在一些重要的演講和發言之前，都會讓自己先微笑起來，然後再上台。當我微笑著出現在大家面前時，首先可以給人一個輕鬆自信的形象，也會潛移默化地影響我與溝通對象之間的關係。

當然，微笑是要練習的，我們不妨對著鏡子觀察自己的微笑，要讓自己的微笑帶著真誠、讚許、溫暖，而不是冷笑、嘲笑、尬笑。如果把握不好微笑的尺度，我們也可以看

一些很搞笑的影片，如脫口秀演出，這時我們常常會跟著大笑起來。大笑之後，笑容收回至將近一半的時候，就是最合適的微笑。而且，笑起來時，呼吸也是在笑著的，呼吸不配合笑容，那笑起來就是皮笑肉不笑了。

2. 尋找共同語言

與溝通對象尋找共同語言，也是建立融洽關係的一種方式。有了共同語言，對方就會覺得彼此是很相似的人，而人們又總是更容易聽進去與自己相似的人的話，也更容易接受與自己相似的人的觀點。

尋找共同語言的方法有很多，比如尋找與對方相似的愛好、品味、經歷等。尤其在多輪接觸的溝通談判中，或者是朋友間的交往，甚至是在男女朋友的戀愛中，這些都可以成為建立融洽關係的基礎。

不過，有時即使尋找到了相似點，也不要即刻跟進，只要記住就好。比如我們有一次開會時，對方有一位很重要的負責人遲到了一會兒，她進來後就很抱歉地說：「不好意思，早上家裡的貓打翻了一個花瓶，收拾好了才出來。」這時大家都點頭微笑，表示沒關係，話題到這裡就可以結束了，而不是就著這個話題繼續跟進，否則就會影響正常的溝

通。等到中午一起吃午餐，大家邊吃邊聊時，為了拉近關係，可以再跟進之前的話題，如自己家也有貓、您家的貓幾歲了、什麼顏色的等話題。這樣聊幾句後，雙方的關係就感覺更近了。到下午繼續溝通時，即使雙方有不同意見，對方也會覺得，作為有共同愛好的人，我們應該是可以解決這個問題的。

你看，當關係融洽時，人們就開始使用「我們」這樣的主語，而不是對立的「你」和「我」，要解決的問題也會變成「我們」的問題，而不再是「你」的問題了，這就是關係的影響力。

3. 信任

信任也可以維持融洽的溝通關係。要獲得對方的信任，最重要的一點是要自信，如果自己說話閃爍其詞、唯唯諾諾，是難以取得對方信任的。當然，自信的表達需要我們徹底理解正在溝通的這件事。

只有把複雜的事情理解了、吃透了，我們才能清晰、準確地表達出來。同時，在表達時還要語速適中、聲音偏低，這樣更容易建立一個自信的形象。如果講得太快，別人跟不上，會顯得我們很慌亂。而對於聲音偏低這一點有一個科學

調查，結果顯示，人們覺得更低的音色更有權威感。一些女性政治家，如柴契爾夫人，在公開演講中都會刻意壓低自己的聲音講話。

除此之外，要獲取對方的信任，還要讓自己言而有信。雖然不是每件事都能說，但說出來的內容不能是假話，尤其不能說對方可以驗證出來的假話。一旦其中的一方開始講假話時，整個溝通的氛圍就被破壞了。

以上三種方法中，微笑和信任都是可以透過練習提升的，它們與尋找共同語言一起影響著對方的心理，也影響著我們自己的心理狀態。因此，這三種方法是溝通中最好用的三個工具。

▒ 日常生活對話中的常見誤區

良好的溝通不但關係到我們的生活，還與我們的工作息息相關。但是，在日常溝通中，很多人經常會陷入誤區，使溝通無法順利進行。

誤區一：零和誤區

零和誤區的意思是說，溝通雙方都相信這場溝通是一個零和遊戲，你獲得的多了，我獲得的就少了。在這一誤區的

引導下，雙方都很難做一個樂觀有耐心的對話者。

任何溝通總會存在共同利益來促使雙方坐下來對話。即便是在一個有爭議需要解決的場景中，比如一方想要十萬元的賠償，而另一方只願出一萬元，也同樣有共同利益。雙方解決爭議的方式可以是金錢，也可以是其他，溝通好了就可以避免訴訟，雙方以此為契機還可以建立一種新的關係，也就是都獲得了超越實質利益的關係利益。

我們常說，溝通中要多關注怎麼做大一個蛋糕，而不是怎麼去分現有的小蛋糕。優秀的對話者可以不斷運用創造性思維，去尋找更多做大蛋糕的方法。即便在一場溝通中沒有找到，也不代表下一場仍然找不到。如果只盯著眼前的小蛋糕，那就是一種典型的零和思維，陷入這種誤區，比一場沒有找到解決問題方法的溝通更加糟糕。

誤區二：非理性競爭

心理學上有一個著名的實驗：一百美元拍賣。它的實驗過程是這樣的：

在某商學院的課堂上，老師拿出一張一百美元的紙鈔讓同學們競買，規則是：每次出價都以五美元為標準進行

升級，出價最高的人最終獲得這張紙鈔，而出價第二高的人不但什麼都得不到，還要把他喊的出價數目拿出來交給老師。在實際操作中，這張一百美元的紙鈔競拍價通常都會超過一百美元，有時甚至接近一千美元，原因就是競標者都不想當第二。這種交易結構設計就非常容易產生非理性的競爭。

這個實驗雖然有些不現實，但如果反思自己的生活，我們會發現似乎總有這樣的思路：來都來了，錢也給了，繼續吧！這樣的思路通常在於我們搞不清楚什麼是成本。

成本，並非我們已經花出去的錢，而是我們放棄這件事，去做其他事所獲得的利益。比如，我們想學日語，花費幾千元報了週末班，但學了兩次感覺一般，而朋友策劃了週末去登山的活動，剛好與我們的日語課時間重疊，我們想去登山，但又捨不得日語課。這時，日語課的成本是什麼？是我們花的幾千元報名費嗎？並不是，而是我們登山的機會，以及在登山過程中獲得的身體鍛鍊和結交新朋友的機會。如果繼續上日語課，不但不會讓幾千元報名費省下，還會重新製造新的成本，即原本可以快樂登山的機會。

在一場非理性的競爭中，最應該做的就是早收手、早離

場，可惜大部分人都做不到這一點。很多對抗性的溝通，如法律爭議，都可以體現出這種心態，甚至還會出現以損害對方利益為目的的非理性加碼，結果是損人不利己。

這也說明，任何溝通談判都要有退出策略。一旦一場溝通或談判的參與者出現了非理性競爭的心理狀態，我們就應該及時退出，而不是繼續玩這個不會有贏家的遊戲。

誤區三：以自我為中心

在生活和工作中，我們會更理解自己，更肯定自己，而很少能看到他人的努力和善意。比如，如果我們問一對夫妻各自承擔了家務的百分之幾，等他們各自報一個數字後，我們把兩個數字相加，多半發現總和會超過百分之百。這就是因為人們總是高估自己做出的努力。

在溝通時，如果我們做出了讓步，也會覺得自己很慷慨；如果對方做出了讓步，我們則會覺得，對方是在我們的循循善誘下才讓步的，而不會覺得對方也很慷慨。就像美國前總統甘迺迪說的那樣，勝利有一千個父母認領，而失敗註定是個孤兒。溝通時，如果一方或雙方都有這樣的心態，溝通就會很困難。過於自信、自負、自我表揚，會在對方心裡造成不良影響；對對方的善意視而不見，也會讓對方感覺溝

通起來很難——明明自己釋放了好意，人家還不領情！

　　以上幾種心理誤區在溝通對話中比較常見，不過，它們也不是無法消除。消除心理誤區的方法就是換位思考，如果我們能站在對方的立場上看問題，心態就會發生改變。

　　哲學家約翰・羅爾斯做過一個著名的思想實驗，叫作「無知之幕」（veil of ignorance）。它的意思是說，我們不知道自己屬於哪一方的時候，去看一件事應該怎麼解決、資源應該怎麼分配、什麼才是公平，往往會更加公正。就像我們律師經常說的一個笑話，有個大律師，一走上法庭就慷慨陳詞，陳述被告的各種不對，一口氣說了十多分鐘，這時助理提醒他：「我們才是被告！」大律師一聽，馬上轉變態度，開始陳述被告怎麼有理。這個大律師大概是深刻理解了「無知之幕」的道理。

　　要消除溝通中的心理誤區，我們還要把關係放在重要的位置來考慮，並且讓理性發揮作用。在溝通前、溝通中乃至溝通後，都要檢查一下我們設定的目標是否正確，我們的關係定位是否準確，我們有沒有受到非理性因素的影響，是否讓情緒主導了溝通，以及是否過於糾結於「分蛋糕」，而沒有用創造性的思維考慮更多的可變因素，從而把「蛋糕」做

大，等等。

　　總之，消除誤區的有效方式，就是不讓自己在時間壓力下倉促做出決定，也不要在情緒上來時做出決定。

對話前的準備：成功的對話是周密規劃出來的

古語說：「凡事豫則立，不豫則廢。」重要的溝通談判更是如此，做好充分準備是溝通成功的基礎，有時還會直接決定一場溝通的成敗。

有人說，溝通前我只要自己做好準備就行了，至於對方是不是有準備，我很難了解，也不需要考慮，見招拆招吧！這其實是一種錯誤的思維方式，最終很可能會把一場完全能打好的殲滅戰打成了遭遇戰[8]。

也有人說，每次出去談事情、開會、發言，我也想好好準備，可是不太會準備，不知道從哪些方面著手，也不知道要準備到什麼程度才行。

我相信以上問題很多人都遇到過，那麼接下來我們就看一下，在資訊有限的情況下，怎樣籌劃一場關鍵性溝通。

▓ 資訊收集

要為一次關鍵性溝通做準備，首先要做的就是收集資訊，並且資訊收集得越多越好。因為關鍵性溝通一般都比較

---

8 遭遇戰：指敵我雙方在行動中相遇時所發生的戰鬥。

複雜，涉及內容很多，涉及的相關方也很多，所以我們收集的資訊越多、越詳細，溝通就會越順利。

關於資訊收集的方法，我們可以運用前面介紹的金字塔模型進行歸納總結，也可以運用多元思維模型，從不同角度剖析當前的局面，還可以使用鏡頭切換法，把該看到的都看到，該注意的細節進行放大。

從資訊收集角度來看，一般有下面幾種資訊需要注意。

1. 對手資訊

在溝通談判中，你要跟誰溝通、跟誰談，對方擅長什麼、最近狀態如何等，都需要我們知道和了解。就像作家在寫作時要時刻想著自己的讀者，溝通時也要時刻思考著自己的溝通對象。寫作時對讀者了解得越透，作家就越有可能寫出讀者需要的文章；同樣地，溝通時將對方資訊了解得越透，就越有可能說出讓對方利益和需求得到滿足的話來。

老舍先生在創作話劇《茶館》時說，他非常熟悉《茶館》中的人物，乃至他都能為這些人物「批八字」，就像「算命先生」一樣，說透他們的一生。這個比喻就說明，老舍先生對自己筆下的人物是無比熟悉的。如果我們也能這樣透徹地了解自己的溝通對象，那就再好不過了。舉個例子，

在面試時，當我們把履歷遞給面試官後，對方便對我們有了一定的了解。但是，我們卻不見得了解對方，對於對方的喜好、要求，以及會對我們提出哪些問題等，都不了解，這時我們就會顯得很被動。相反地，如果獲得了面試機會，我們可以提前問問打電話給我們的人事部，與我們面試的人是誰或是什麼職位，然後到面試公司的網站上搜尋一下，看看能不能找到這個面試官的相關資訊，如長相、年齡、經歷背景等。有些人的資訊很好獲得，比如律師事務所的合夥人，其簡歷都會上傳到事務所的網站上。同時，也了解一下即將面試的公司，如企業經營狀況、企業口碑等。

除了了解基本資訊，對溝通對象的資訊還要進行深入研究。對於特定的對象，尤其是上市公司，很多資訊都是公開的，特別是過去的交易資訊，更要了解清楚。只有提前全面準備，在與對方談判或交易時，一旦發現有問題，我們才能有的放矢地應對。比如，與對方交易後發現問題，我們想要調整價格，而對方不肯接受，這時我們就可以告訴對方：你們在兩年前的某次交易中就有過這樣的處理方法，現在為什麼不能接受呢？當我們把準備工作做到這個程度，對方基本上會配合我們，因為他們知道糊弄不了我們，也就不能再用欺詐等手段來對付我們了。

2. 環境資訊

什麼是環境資訊呢？舉個例子，假設我們去租房，那麼一房一廳在這個區域能租多少錢？兩房一廳在這個區域能租多少錢？這些都是環境資訊。只有掌握了附近房子大概的租金，我們才有底氣去跟房東談價錢。

如果是複雜一些的事情，比如收購一家公司，那就必須事先知道，這家公司所在的行業怎麼樣，它的競爭對手有哪些，競爭對手與這家公司相比具有哪些優勢和劣勢，這家公司的主要客戶是誰、主要供應商是誰，等等，這些資訊都要盡量弄清楚。如果連行業和公司的基本情況都沒弄清就坐上了談判桌，那一定無法獲得談判的主導權。

有了以上這些收集而來的資訊，我們就可以判斷出與自己溝通談判的對象是強還是弱。這時，我們也可以藉由為自己和對方進行「動物畫像」，弄清自己在對方眼裡是什麼角色，對方在我們眼裡又是什麼角色，之後再去跟對方溝通談判，就可以做到心中有底了。

3. 請教專家

這裡所說的專家，並不是在學術、技藝等方面有專門技能或專業知識全面的人。只要是知道的比我們多的人，我們

都可以把他們當成專家來請教。

比如，我們要為一家遊戲公司做宣傳推廣，這時我們就要看看身邊有沒有在遊戲公司工作的朋友。如果有，就可以向他請教一下遊戲公司的宣傳推廣方式、行銷邏輯等都是怎麼做的。再比如，我們要買一輛車，那就問問有車的朋友，自己看上的那款車有哪些優點、耗油如何。這些能給予我們幫助的人都是專家。

在請教專家時要注意一點，就是不要洩密。比如，我們要替公司租一個飯店場地，準備辦一個發布會，但發布會還處於保密之中，這時我們先問了在飯店工作的朋友，關於場地租賃的價格、行情等。同時我們還要考慮到，我們的朋友可能會把這個消息告訴其他人，比如飯店經理，這時，發布會的資訊就洩露了，我們再與飯店經理談價格時，對方就會事先形成與我們談判的策略，使我們處於被動地位。

所以，諮詢專家時一定要注意保密，對於公司資訊、專案或產品資訊等一些具體問題，能少說就少說。要知道，我們在收集別人的資訊時，對方也在收集我們的資訊。一旦被對方獲取太多關於我們的資訊，我們在談判中的優勢地位就可能失去。

▦ 確立目標

　　收集完資訊後，接下來就要為溝通對話確立一個目標，這個目標就是我們要在這場溝通中獲得哪些利益、滿足哪些需求等。同時，我們還要預估對方的目標，因為對方在進入這場溝通時，也一定是帶著某個目標來的，對方的目標中包含的利益、需求等，我們也要提前進行預估。在前文敘述利益和需求時，我分享了一個工具給大家，就是需求交換表，其中既包括我們必須達到的需求，也包括對方必須達到的需求。我們就可以利用這個表格來釐清雙方的目標。

　　有時，一場溝通的目標比較複雜，可能涉及分階段、分步驟或進行多輪溝通，這時我們就可以設定一些階段性的目標。比如，我們要跟某個客戶談一份投資併購的合約，這幾乎是不可能一次談下來的，此時就可以設定階段性目標，即中間需要溝通幾次，每次需要完成哪些目標，最終要用多長時間把合約談下來，等等。一般來說，第一次溝通可以確立雙方對於這個交易架構的認可；第二次交換合約文本，雙方開始提意見；第三次、第四次就重要問題開始談判，爭取能在四次溝通後將合約文本確定下來。這就是先確定每次溝通的小目標，再一步步完成最後的目標，把整個合約內容都談好，順利簽訂合約。也就是說，溝通談判的目標可以長短結

合，不能一次性談下來的，就分幾個階段分步完成。

有目標，就會有實現目標的障礙，因為目標並不是每次都能按原計畫去實現的。這時我們就需要變通，靈活調整目標：有時進度快一些，就向前提提；有時遇到困難了，就適當調整，從現實出發，先去實現那些容易達到的目標。

有些人可能就此產生一個疑問，那就是目標無法達成時，我們是調整目標，還是直接結束這場溝通呢？

要解決這個問題，我們就要引入一個重要模型：「best alternative」，直譯過來為「最佳替代方案」。它的意思是說，在溝通談判時，除了要準備一套直接計畫來達成目標，我們還要有備選計畫。一旦直接計畫不能達成目標，就要考慮是否實施備選計畫。最佳替代方案就是可以用來評估和比較我們目標的那個選項。

所以，在任何一場關鍵性溝通和談判中，我們都要提前想好，如果這次溝通不能實現最終目標，我們的備選計畫是什麼。這個計畫不只是一個備案，還要是「best」，即最佳備案。一旦發現雙方對直接計畫談不妥，想要終止，放棄原本想要實現的目標時，就拿出這個結果與最佳替代方案比較一下，看看哪一個更符合我們的期待。或是調整一個比較低的目標，但這個目標與最佳替代方案相比後，對我們來說仍

是有利的，那麼就考慮調整目標，繼續跟對方溝通；如果調整之後的目標不及最佳替代方案，就可以直接終止溝通。

當然，換個角度來說，對方可能也有自己的最佳替代方案，在溝通談判過程中，對方也會不斷衡量比較。所以，最佳替代方案其實就是溝通雙方各自手中的底牌，它也決定了溝通雙方的談判力。如果溝通中的一方有最佳替代方案，即使他（它）的實力看起來偏弱一些，也可以從中獲得自己的最佳利益。

關於最佳替代方案還有一個重點，就是必須在所有的替代方案中找出那個最佳備案，來與我們現在要調整的目標進行比較。舉個例子，你現在想要辭職，那麼辭職後你會有哪些選擇呢？哪怕你已經投了一些履歷，面試了幾家不錯的公司，甚至收到了新的工作邀約，也要判斷出哪份工作才是你的最佳備案，然後用這個備案與現在的工作進行比較。

所以，最佳替代方案是唯一的一個選項，而不是說我們有很多選項。雖然其他選項可能也有價值，但我們無法把這些選項的價值疊加，最終也只能選擇一個。既然如此，就肯定要選擇價值最高的那一個。

▓ 後勤制勝

要準備一場關鍵性溝通，還要考慮一些後勤問題，畢竟溝通雙方都是人，都有各種身體和生活需求，如飲食、睡眠、作息習慣等。古人打仗的時候，常說「兵馬未動，糧草先行」，其實說的就是要做好後勤保障。如果把這個概念放在溝通談判中，尤其是應對一些具有挑戰性的溝通或者時間較長的關鍵性溝通時，也可以看出後勤準備是不是充分。

一般來說，溝通對話前的後勤準備包括下面幾種。

1. 場地準備

我們知道，在體育比賽中，主場和客場會有很大區別。在自己熟悉的地方、自己的主場，和去一個自己從來沒去過，卻是對方熟悉的地方比賽，感覺上的差別是非常大的。

溝通對話也是如此。如果我們能爭取到主場，就一定要努力爭取；如果沒有爭取到，要去對方的主場，那麼關於對方所在的位置、交通情況、環境情況等，就要盡可能地了解清楚。

還有一種情況，就是在比較中立的地方談判，既不是我們的地盤，也不是對方的地盤，這些地方包括咖啡廳、餐廳、飯店會議室等。這時，我們就要盡量爭取到第一手資

訊，比如這個場地距離我們有多遠、交通是否方便、周圍環境如何，甚至夏天有沒有空調、冬天有沒有暖氣這些細節問題，都要事先了解清楚。

2. 座次座位問題

在溝通談判時，如果我們坐在一張桌子的中間部分，那麼全場所有人都能聽見我們說話，這時我們就會很自信，也會有一種掌控全場的感覺。但如果我們坐在談判桌的邊角位置，每次說話都要伸著脖子、側著身子、扯著嗓子，以便大家都可以聽見，這時我們的氣勢就會受到影響。

由此可見，溝通談判中的位置安排也很重要。一些重要的會議都很講究座次座位，重要人物的座次座位也都會被安排在重要位置上，給人一種權威感和被重視感。

如果我們可以安排座位，關於座位如何坐就要提前想好；如果不能自己安排，進入會議室或談判的房間時，別人把我們安排在一個說話不方便的地方或者角落的地方，我們就要主動採取一些調整措施，比如跟大家說：「我需要往前坐坐，這樣大家才能聽到我說話。」或者在說話時主動站起來，跟大家說：「為了讓大家能清楚聽見我的發言，我就站起來講吧！」這時，不管在哪個位置上，當所有人都坐著，

而我們站著說話時，氣場和權威感都可以建立起來。

　　這裡還要注意一點，我們的位置無論正好對著窗戶，外面的光線總是照我們的眼睛，還是被其他人擋住了，進出很不方便，都屬於不利位置。如果有可能，盡量避免這樣的座位，或者能調整時就調整一下。如果是安排座位的人故意把我們安排在這裡，就要注意對方是不是在有意針對我們了。

3. 時間準備

　　時間準備也是一個需要考慮的因素，首先，開始溝通是在工作時間還是在休息時間？在這兩個時間裡，人的心理狀態是不同的。比如，我們在週末約人談一件事，與在工作時間與人談同一件事，效果和氣場就會很不一樣。

　　其次，還要考慮好這是一個簡短的溝通，比如一個小時左右就能結束，還是需要歷時半天、一天，甚至更長時間。因為人在疲勞、壓力的狀態下溝通，是很影響談判效果的，有時溝通談判時間過長，我們還有可能倉促地做出一些連自己都不認可的決定。要避免這種情況出現，就要在時間方面做好準備。從後勤角度來說，在時間較長的溝通開始之前，我們還要準備一些食物、水、飲料等可以補充能量的東西，以及藥物、紙巾等生活物品。比如，你是個低血糖的人，就

要提前備點食物，以免溝通時間過長，無法進食，導致低血糖；你有鼻炎或咽炎，就要備一些對應的藥物。

總之，不同的人，身體狀況不同，需要的東西都要提前準備好。尤其是在緊張和壓力的環境下，更要提前列一份需要準備的物品清單，就像我們出差旅行時那樣，一樣一樣把東西準備好。不要讓這些小事影響了溝通效率，導致自己輸了先機。

亮出關鍵招數，搶占對話先機

　　很多人都有這樣的體會：一場溝通或談判即將開始，自己已經有了一些知識和能力上的準備，關於要溝通的內容也有了比較深入的了解，但是，一旦進入開始階段，看到對面的人就愣住了，完全不知道該怎麼開口，也不知道怎麼把握進程。糊裡糊塗談完後，對於如何貫徹並執行溝通成果，也沒有太好的方法；或者我們覺得已經達成一些共識和協議，對方卻不這麼認為，下次溝通時還在繼續談之前的事情，很多東西無法實際執行。

　　簡單來說，之所以存在這些情況，就是因為不知道整個溝通如何開始、如何推進，結果要如何落實。要解決這些問題，需要我們對整個溝通進程具備強而有力的掌握能力。只有掌握好溝通進程，我們才能將溝通控制在自己的節奏中，才能既引導自己，也引導對方走出溝通誤區，最終達到實現共同利益的目的。這既是一種重要的溝通能力，也是一種重要的領導能力。要達到這種水準，我們就要學會在溝通中搶占先機，從而解決整體的場景識別問題、流程控制問題、多議題處理問題和執行力問題。

▦ 場景識別

任何一場溝通在開始時，都一定存在於某個場景之中，這個場景包括地點、人物、時間等因素，這些都會影響我們的溝通和談判狀態。

1. 場地狀況

在到達溝通地點，並準備開始溝通之前，我們需要首先仔細觀察一下場地大小。一般來說，溝通談判所在的場地過大或過小都不好。場地太大，說話會有混響，大家坐在裡面也沒有安全舒適的感覺；場地太小，大家離得太近，說話會很拘束，而且溝通時間較長的話，房間內還容易出現缺氧狀況，影響大家的狀態。

其次，還要注意場地的私密性問題。如果我們要談的是一件比較私人或需要保密的事，肯定是不想讓旁人聽到的，這時候咖啡廳、茶館等場所就不合適。我們可以提出換個地方，比如找一個包廂，或是一個私密性更好的場所，再進行溝通。

在首次跟溝通方見面時，我們如果發現場地不合適，就要及時提出調整要求，等調整好後再落座並開始溝通。如果溝通進行一段時間後再做這樣的場景或布局調整，不僅會打

斷正在進行的溝通，而且重新調整後的布局和環境，也會讓之前的溝通氣氛和氣場發生變化，很難再接著之前的情勢談下去。

不過，一旦溝通或談判陷入僵局，無法繼續往下談時，我們就可以利用場景改變重新調整一下布局，比如換個座位或換個地方繼續談，有時反倒可能打破僵局。但從原則上來說，還是要在發現場地不合適的第一時間就提出來。

2. 對手狀況

對手就是即將與我們進行溝通的人，對於這些人，我們也要提前有所了解，除非是那種突然開始的談話，對於對方完全不知情。如果對方是一個組織，那麼對該組織的情況也要有所了解。這裡有一種情況，就是我們知道對方是一個組織，但不知道具體跟我們溝通的人是誰，那麼雙方見面後，就要有一個相互介紹的環節，以便知道自己接下來到底要跟誰對話。

有些時候，溝通可能比較隨意，雙方坐下來就能交談，但如果其中有彼此不太熟悉的人，我們也要先做個調整，請雙方先介紹一下今天到場的人，以及每個人都負責什麼。我們可以先介紹自己這方的，再請對方介紹，這樣顯得比較禮

貌。在對方介紹自己的人員時,我們也要仔細觀察一下,看看對方的主要上級是誰、主要發言人是誰。

此外,在剛開場的溝通中,對方的幾句話可能就會體現出他們這次來溝通的基調是什麼,比如是帶著輕鬆的情緒來推進這件事的,還是帶著怨氣和怒氣來興師問罪、追究責任的。如果對方情緒不佳,我們在後面的交談中也要盡量把一些情緒化的內容從溝通中剔除,讓彼此回到對利益的討論和對需求的滿足的溝通進程上來,比如好言勸導對方:「我們既然坐下來談,就是來解決問題的,大家不要這麼有情緒。」如果對方得理不饒人,或者蠻不講理,我們也可以有禮貌地回擊。

一九九一年,中美兩國曾就智慧財產權問題進行了一場非常著名的談話。當時,美方代表在談判一開始就說:「我們今天是在和小偷談話,因為中國企業盜竊了美國很多知識產品。」中方代表是時任中國對外貿易經濟合作部副部長的吳儀,在聽到美方的話後,吳儀反駁道:「我們今天是在和強盜談話,你們回去看看自己博物館裡有多少是從我們這裡搶走的東西。」

總之，對於這些可能有情緒的開場，我們應將其作為準備方案。只有提前有備案、有準備，才能應對溝通談判中可能出現的意外情況，使溝通順利推進。

⠿ 流程控制

在一場關鍵性溝通中，整個流程安排得是否合理、節奏控制得是否得當，也是決定溝通成敗的關鍵。

在一些專業性的溝通場合，流程本身就是溝通和談判的內容。具體先談什麼、後談什麼，重點在哪裡，這些安排往往在一開始雙方就會先較量一番。所以，我們也可以將流程控制看作正式溝通的前哨，對方的溝通風格、策略安排、分工等，從流程中就能看出一些眉目。

在常見的溝通中，一般會有一方作為流程和話題的主導方，我們爭取要做的就是這一方。因為將節奏控制權把握在自己手裡，總會對全場溝通更有掌控感。不過，主導方不是想當就能當的，具體要看溝通內容本身。比如，在應對一些調查時，無論是投資人派來的盡職調查團隊，還是主管機關的調查，如稅務稽查，都必須按照對方安排的流程走才行。

當然，即使是被動的一方，也不是完全被動的。比如在接受調查時，我們作為被調查的一方，對自己的情況是最了

解的。如果投資人派來的盡職調查團隊給了我們一個問題清單，讓我們逐一回答，我們可以說：「我們先不一條條地按照清單作答，而是先把本公司的業務情況做個整體介紹，然後再回答清單上的問題，這樣可能會讓您理解得更清楚。」這時，我們就獲得了一定的主動權。

再比如，面試的時候，我們的履歷上有一年的工作經歷是空白的，這一年我們剛好在家休息。面試官發現後，可能就會問到這個問題。這時，我們既可以等對方問出來後再回答，也可以一開始進行自我介紹時就說出來，如那年在家學習英語，準備出國，所以履歷上那一年的經歷是空白的。通常我們主動說出會讓這件事顯得更自然，比對方問起後再被動地回答更好一些。

░ 多議題處理

關鍵性溝通涉及的一般都是比較複雜的問題，其中需要商議的點也比較多，這就需要在溝通中學會多議題處理。

所謂多議題處理，就是先把溝通中可能涉及的議題都過一遍，先解決容易解決的，留下困難的後解決。有些人愛鑽牛角尖，一定要按照問題的先後順序解決，這就很容易卡在一個地方進行不下去。

　　這就像我們在考試時，雖然也需要一道題一道題地往下做，但遇到不會做的題目時，我們往往會先跳過去，把會做的做完後，再回頭去解決前面的難題。溝通也是如此，一旦遇到難題，不要糾結於一兩個點而影響了整個溝通進度。那一兩個一時解決不了的點，在其他問題都得到妥善解決後，再回來看，也許就會產生新的思路和視角。

　　很多會下圍棋的人都明白這樣一句話：不會走的地方不走。這個思路就是不知道怎麼處理問題時，先放一放，等周圍的其他環境、條件、變數等發生變化後，當時不會走的局部就可能出現新的思路。有些時候，原本很困難的局部難題，在周圍環境發生變化後，可能就變得不那麼重要了，也就是它的價值變小了，這樣處理起來也會容易很多。這裡，我向你介紹一個我們在工作中常用的工具，叫「問題清單」。律師在工作中經常會面對很多合約，有些合約內容比較長，幾十頁、上百頁的都有。我們在溝通合約問題時，不可能每一條都詳細溝通，而是把有不同意見的條款單獨拿出來溝通。這種單獨拿出來的條款放在一起，就形成了一個問題清單（如表 3-1 所示）。

表 3-1 問題清單結構樣式

序號	條款序號	原文	甲方	乙方	備註
1	3.1（a）	應在七日內提供……	七日太短，應改為二十日	二十日太長，會耽誤生產週期	乙方與生產部門確認，十日可否

如表 3-1 所示，第一列為序號，它可以清楚地顯示出現在有多少個問題需要透過溝通來解決。

第二列是該條內容在合約中的序號，比如第一個問題是合約的 3.1（a），那麼它表示的清單序號就是 1，合約條款序號就是 3.1（a）。

第三列「原文」表示的是 3.1（a）這條內容的摘錄。

第四列為其中一方的意見，比如甲方意見，認為「七日太短，應改為二十日」。

第五列為對方意見，比如乙方意見，認為「二十日太長，會耽誤生產週期」，或者提出「最多放寬到十日」等。

第六列是一個備註，就是將其他需要說明的情況或背景等寫在其中，或者某一方需要採取的行動，比如乙方提出「我們回去與生產部門確認一下，十日是否可行」，這就是乙方要採取的行動。

有了這個問題清單，溝通中到底遺留了哪些問題，以及每一方對問題的看法、需要採取的行動等，都會一目了然。我們在合約談判實務中，也基本上是圍繞問題清單來談的，合約本身只在開始和即將結束階段出現。大家一般是在開始談判時看一下合約，提出問題，形成問題清單，等問題清單裡的內容逐一談妥後，再回到合約，把溝通好的意見放入合約中，這樣合約就接近定稿了。最後剩下的也只是簡單的詞句調整，那些爭議問題已經全部解決。

⠿ 著眼於執行

在關鍵性溝通中，隨著問題的展開和一個個得到解決，溝通雙方就能逐漸達成共識。此後，我們還要特別關注一個點，就是執行。要知道，無法執行的共識或協議最終是竹籃打水一場空。就像有些條文和規定，初衷是好的，起草技術也是好的，但最終還是無法執行。之所以出現這種情況，要麼是條文和現實情況距離太遠，執行起來有難度，要麼是溝通的一方或多方被激勵得不夠，缺乏行動力，或者發現這個賽局機制下有偷懶的方法，於是選擇「搭便車」。

有人可能會說，既然是溝通好的內容，都寫成白紙黑字，也簽字畫押了，不就可以執行了嗎？

　　有白紙黑字的記錄自然很重要，但並非根本。很多時候，即使某些事項形成了合約，合約也是可以解除，甚至可以違約的，這樣合約就沒有被履行。有時候，我們可能還要花費很大力氣去追究對方的違約責任。合約或協議可執行的根本在於自願，其次才是強制，我們不能本末倒置，把強制當成最重要的手段。溝通談判形成的共識，最好是大家都心甘情願的，這樣才更容易執行。

　　所以，「上兵伐謀」，最好是讓溝通的各方都願意主動履行合約。如果強制讓對方同意，甚至用哄騙、欺瞞等方法讓對方執行，那涉及的不僅僅是道德問題，還會嚴重傷害雙方的利益，得不償失。

▓ 白紙黑字不必是合約

　　關鍵性溝通的內容最終是要落實到白紙黑字上的，這個「落紙」的過程就是溝通雙方認真思考這件事是否可執行的過程。比如，買方答應付給賣方一千元，說起來簡單，但在落紙時卻要想清楚：這筆錢什麼時候給；是一次性給，還是分幾次給；是先給錢還是先交貨；等等。

　　即使是白紙黑字落在紙上的內容也不一定非得是合約。雙方能當面簽訂合約當然好，因為合約具有法律效力，但不

是任何場合都有機會把溝通內容寫成合約，讓對方簽字。比如，我們跟主管談好了一個讓我們加薪晉升的安排，我們就不能拿出一張紙來，讓主管把剛才說的寫下來，還要對方簽字；我們和伴侶溝通好了，以後有意見直接表達，不要發脾氣或搞冷戰，也不可能起草一個合約，彼此簽字，使之具有法律效力。

有些時候，除了合約需要留下白紙黑字，其他幾種方式也能從可執行角度發揮約束和備忘的作用。

1. 會議紀要

如果一場溝通是以開會的形式展開的，大家達成了一些共識，雖然沒有簽訂什麼合約，我們也可以準備一份會議紀要，把大家的觀點總結記錄一下，把會後安排的待辦事項列清楚，然後分發給與會者。

如果會議紀要顯得過於正式，我們也可以發一份總結郵件或訊息給與會者，在其中表示對各位與會者的感謝，並匯總一下會議解決的幾個問題、接下來的待辦事項等，最後鼓勵與會者將遺留問題盡快解決，期待大家下次再見。這樣一份郵件或訊息既顯得禮貌客氣，又把內容進行了總結。如果誰有不同意見也可以直接提出，大家繼續用書面形式討論。

2. 談話筆記

筆記也是合約之外另一種用白紙黑字記錄的形式。一般來說，當大家進行一次重要溝通並達成某些協議時，無論是我們的老闆還是跟我們一起創業的朋友，如果我們感覺發郵件或訊息給對方不合適，就可以在溝通結束後做個談話筆記，筆記中包括溝通的時間、地點、人物，大家在會議上說了什麼問題，達成了什麼協議，有哪些不一致的地方，以及後續需要採取什麼行動等。

有人可能不解：自己記錄這些有什麼用呢？對方也沒有認可，沒什麼法律效力。

自己記錄的內容確實沒有法律效力，卻是非常真實的記錄。比如，我們的一個投資人在會議上說，「明年三月，我們會追加五百萬元投資，並舉辦幾場新品發表會」。我們就可以把投資人的這些話記錄下來。等到來年三月，如果投資人沒有如期投資，或表示投資要緩一緩，我們就可以拿出談話筆記跟對方溝通：「去年您說今年三月將追加五百萬元投資，並舉辦新品發表會，我都記錄下來了，並且按照您的這個提議做了準備，現在是有什麼事讓您改變主意了嗎？」當看到我們的記錄，對方如果不是惡意要賴，都是能夠認可的，也會願意與我們就眼前遇到的問題展開進一步溝通。

在工作中，有時我們要協助客戶配合反壟斷調查。比如兩家互相有競爭關係的公司的業務負責人，曾相互通過電話，說明年一起漲價 10％，這就是違法行為，屬於互相進行價格串通。其中一個負責人打完電話後沒有記錄，第二年直接就漲價了；第二個負責人打完電話後，則詳細地做了一個筆記，內容包括什麼時間、自己和誰通了電話、商量了什麼事、對方是怎麼回應等。到後期的反壟斷調查時，做過記錄的負責人就可以說清楚這件事，沒做過記錄的負責人就會很被動。於是，反壟斷機關認為做過記錄的人配合調查態度好，而沒做記錄的人不配合調查。這時，即使沒做記錄的人爭辯說，那份記錄是對方寫的，自己並沒有那樣說過，調查機關的人也不會相信，除非他也能拿出一份自己當時記錄的、跟對方記得不一樣的內容，但他卻拿不出來。

所以，不要小看單方面記筆記的作用。俗話說：「好記性不如爛筆頭。」發生的重要對話隨時記錄下來，以後一旦用到，你就會發現它能發揮很大的作用。

有一次，我跟一位律師前輩聊天，聊到以前一個非常

重要的案件。她就跟我說，自己在處理這個案件時遇到了哪些困難，她都是如何處理的，當時有關各方都是什麼態度，等等。我覺得這個案件的背景和細節很重要，就跟那位前輩說：「您今天講的內容很有價值，我回去整理一下。」回去後，我馬上把溝通的一些細節記了下來。

過了一年多，這位前輩忽然找到我說：「當時我們聊的那個案子，你能把記下來的內容傳給我看看嗎？我寫文章想用一下。」我馬上把自己記錄的內容傳給她了。

你看，當事人曾經自己回憶的事，仍然要以我記錄的內容為準，你還能說筆記不重要嗎？

在一些溝通場合，白紙黑字並不是必然的結果，溝通內容或達成的協議也不一定要用合約形式體現出來。會議紀要、談話筆記，以及溝通後的問候、感謝加總結等，都可以落在紙上。有些溝通內容實在不方便準備合約、備忘或會議紀要，還可以自己做筆記，這些日後都有可能用得上。所以，這些小工具，我們都要習慣在不同的溝通場合裡運用。

團隊溝通：「角色扮演」和「戰術配合」

溝通對話有時還會涉及團隊溝通，但這裡說的團隊溝通不是指多方溝通，而仍然是指兩方的溝通。

有人可能會問，自己在團隊中並不負責溝通、談判，那團隊溝通就跟自己沒關係吧？如果這樣想，那就把團隊溝通想窄了。舉個例子，假如我們和家人一起去看房子，不管是租房還是買房，我們和家人都是一個團隊，這時我們就要有明確的目標和分工。再比如，我們對面的工地在施工，總是很吵，我們和鄰居一起去找對面工地的施工單位要求噪音補償，這時我們和鄰居就是一個團隊。所以，團隊不僅僅會出現在工作場合，還經常出現在生活的各個場景中，而我們作為其中的一員，團隊溝通就與我們有關，我們也需要扮演好自己的角色。

還有人認為，自己不是管理者，建立團隊這種事跟自己也沒什麼關係，要我做什麼我就做什麼。這種想法也片面了。有些時候，我們雖然不是管理者，但在團隊中也一定有自己的角色，這個角色的功能可大可小，但一定要明確，這樣才能做好這個角色該做的事情。再者，管理者也是從小職員成長起來的，即使現在我們不是管理者，也不表示日後一

定不會當管理者。既然如此，我們就要在團隊中扮演好自己的角色，與團隊成員做好戰術配合。

⠿ 團隊組織

在生活和工作中，很多溝通需要我們一個人去面對，但也有一些溝通是需要團體進行的。因為這些溝通或者涉及的問題和過程比較複雜，一個人無法獨立完成，或者涉及不同的利益，需要相關人員共同組成一個團隊去進行溝通談判。

在建立團隊時，我們可能會被分派到一個團隊，大家共同合作，一起去參與溝通。還有些時候，我們會有選擇餘地，在一定範圍內挑選幾個隊友參與溝通。但無論是分派的還是能挑選隊友的，這個團隊都要像一個組織一樣，具有明確的角色分工。

一般來說，在一個溝通或談判的團隊中大概有四個功能角色。

1. 決策者

決策者是指設定目標的那個人。比如，溝通最終要達成什麼結果、什麼時候可以接受對方的條件、什麼時候不再溝通等，這些都是決策者要做的事。在溝通中，決策者可以不

出現在現場，只需要藉由現場回饋的情況做出決定即可。有些時候，決策者不出現，也能避免他受現場氣氛和情緒的感染而做出不理性的決定。再者，他不在現場直接答應或拒絕什麼條件，也會為溝通繼續進行留有一定的餘地。

2. 發言人

發言人是在溝通中與對方交涉的人，他會代表整個團隊發言及回應對方。這個人一般要由表達能力突出、反應敏捷的人擔任，如果能懂一些心理學知識就更好了。

3. 專家

專家主要負責掌握溝通中的專業問題。比如，我們要買房子，其中一位家庭成員已經提前研究了許多房型和位置資訊，那麼對我們來說，這位成員就是團隊中的專家。

專家有時也可以是外部的，不一定需要在團隊中直接參與溝通，但成員可以時時向他請教。

4. 輔助者

輔助者的工作包括收集資訊、安排會面、記錄對話、編輯文件、翻譯內容等。千萬別小看輔助者的角色，他收集資

訊、處理文件的能力往往可以深度地影響溝通效果。一些年輕人剛進入職場時，經常會在工作場合中作為輔助者出現，這個角色就是我們在工作場景中參與關鍵性溝通的第一個台階。認真擔任好自己的角色，也是我們向上攀登的基礎。

作為專業律師，我在跟客戶談合約時，經常是以上四個角色兼而有之。雖然我不是最終決策者，最終決策者是客戶，但在重大法律問題上，我卻是一名決策者。當我從法律層面上提出不能接受的意見時，客戶也會考慮我的意見，所以在談法律問題時，我也是發言人。同時，在法律和合約問題方面，我是專家，當然我不是唯一的專家，還有財務、商務、技術、產品等各方面的專家。我還是輔助者，需要收集各類資訊，了解對方公司情況、對方律師情況等，有時還要處理合約文件，時不時修改一下，給大家一起討論。在涉及外國人參與的溝通談判中，我還常常擔任翻譯。

所以，如果讓你來決策，出去與客戶溝通或者談一件事，就要看你一個人能否擔任起這四個角色。如果不能，就需要組隊進行，這時還要想好組成幾個人的團隊才能覆蓋這四個角色。比如，我在二十多歲時，經常一個人去跟客戶談判，這幾個角色我都能擔任，但更偏重於法律專家和輔助者的角色，輔助工作就是改合約、做翻譯。後來隨著經驗增

加，我開始扮演更多決策者和發言人的角色，這時我就需要一個年輕同事跟著我，幫我承擔一些法律專家和輔助者的角色，幫我查查法規、案例，或者起草合約、擔任翻譯等。

　　組隊進行溝通的目標，就是要讓這個小團隊具備完善的溝通能力，這些能力包括我們前文提到的表達能力、思維能力、對人和組織的認知能力、創造和交換價值的能力、策略和賽局能力以及外交能力六大能力。有時在面對比較複雜的情況，一個人應付不了時，就可以用組隊的方法，將這些能力綜合在一起，把團隊看成一個人，再做好充分準備，與對方溝通談判。

▒ 準備

　　在組建好團隊後，接下來整個團隊就要充分做好溝通前的準備。相對個人來說，由於分工明確，團隊成員準備起來會更加容易，但也要注意一點，就是各成員之間一定要互相交流訊息，最好能夠做到「讓大家的資訊都集中在一張紙上」。

　　如果我們是團隊管理者，在準備過程中，首先要為每個成員做好分工，讓大家知道自己的職責，如誰負責在溝通時發言，誰負責收集資訊做研究，誰負責控制文本，等等。

有些時候，團隊也可能比較鬆散，比如因為遭受噪音干擾，我們跟鄰居一起去要求噪音賠償。在這個團隊中，我們很難像在工作場景中那樣去具體安排誰負責什麼事，並且監督他做好。但即使是在這樣鬆散的組織中，大家也要釐清幾件最基本的事項，例如什麼是可以成交的條件、誰可以作為發言人跟對方直接溝通。否則，大家溝通起來七嘴八舌，就難以保證有效溝通，也難以達成雙方想要的結果。

⣿ 情緒角色

當以團隊形式去跟別人溝通談判時，在溝通過程中，我們也會涉及角色分配問題。不過，此時分配的就不是發言人、專家這樣的功能角色了，而是情緒角色，就像俗話說的「一個唱紅臉，一個唱白臉」。紅臉和白臉都是傳統戲曲中的角色，紅臉的代表人物是關公，代表的是忠義的好人；白臉的代表人物是曹操，代表的是奸詐的壞人。英文當中也有類似的表達，叫「good cop, bad cop」，翻譯過來就是「好警察，壞警察」戰術。

在兩個人以上的團隊中，就要包含紅臉和白臉兩種不同的情緒角色，這樣才更有利於控制溝通的進程。其中，紅臉代表的就是好說話的那個人，他可以與對方積極配合，推進

溝通向前進行；白臉代表的就是不好說話的那個人，他會讓對方做出更多讓步和利益交換。如果用一個比喻來形容，扮紅臉的就像是踩油門的人，扮白臉的就像是踩剎車的人，一紅一白相互配合，才能更好地控制「車速」。

假如我們和家人一起去逛家具店買家具，看上了一套很不錯的沙發，家人很想買，但我們感覺價格有些貴。這時，我們跟家人就自然形成了一個紅臉白臉組合。銷售人員見到我們的家人想買，也想促成這筆交易，但是見我們反對，他可能就願意給出一些折扣。這樣一來，我們既可以少花錢，又可以買到心儀的家具。當然，這屬於天然形成的紅臉白臉組合，如果我們和家人提前設計好這樣的組合，那就是所謂的戰術了。

此外，還有一種紅臉白臉的用法，就是扮白臉的人故意把溝通難題提高，讓對方覺得推進困難，而扮紅臉的人介入後，對方就覺得這是成交的機會，因而也更容易同意紅臉的提議。反之，如果一開始就按紅臉的方案來，對方未必會直接同意。

所謂的「好警察，壞警察」戰術也是這樣來的，它其實

是西方的一個諺語，說的是外國警察局在審案子時，會先以警察的身分對犯罪嫌疑人嚴厲地審訊一頓，造成對方心理壓力。這時，再來一個和藹的警察，跟嫌疑人耐心地溝通一番，比如勸嫌疑人考慮考慮家人、自己的前途等。嫌疑人心一軟，就會吐露出更多的資訊來。這種情況就是前面的「壞警察」為後面的「好警察」做好了溝通鋪墊。

那麼，情緒角色與功能角色怎樣結合，才能讓溝通更有效呢？

一般來說，發言人就是唱紅臉的，因為他要與對方直接對話，推進進程，太苛刻會導致溝通不順暢；專家則是唱白臉的，他們總能從專業角度提出一些問題，或者攔住發言人，告知對方這個方案不行，因為它違反了專家認可的一些原則。我們律師擔任的就是專家角色，所以經常要唱白臉。但在有些談判中，我自己是發言人，這時就不能唱白臉，而是安排其他律師或財務同事來擔任那個「踩剎車」的白臉角色。這些角色都是可以靈活運用的，我們不要僵化地理解。

有些時候，就算是扮演輔助者角色的人，也可以擔任起情緒角色的功能。雖然在正式溝通的場合，這樣的角色不能直接發言，但在吃飯、休息時，卻可以跟對方團隊中年紀相仿的人聊聊，有時也能收集到有用的資訊。這時，這個輔助

者就是一個紅臉角色，是一個對方覺得容易打交道的人。

　　所以，就算是在團隊中擔任輔助者角色的人，也不要只顧悶頭記筆記、改合約，有時幫大家訂個餐、倒杯水等，都會增加對方的好感，讓你在這場溝通中承擔起一個情緒角色。不要總覺得自己人微言輕，只要做個有心人，這樣的角色同樣可以創造價值。

▦ 多個談判桌

　　在團隊溝通中，我們還可以考慮分組進行。有些時候，雙方團隊人員都比較多，大家坐在一起溝通，效率並不高，這時就可以分組進行。雙方可以先溝通一下主要框架，框架定好後，雙方再以各自的專業分組坐下來溝通，如法務對法務、業務對業務、財務對財務等，各組透過溝通得出一些結論，最後大家再將結論放在一起進行總體溝通。

　　我們把這種分小組溝通的方式叫作「多個談判桌」，顧名思義，就是不要只在一張桌子上談，能分組溝通時就分組進行。這樣既可以提高效率，讓團隊中的每個角色都能在小組中有充分的時間交換意見，還可以避免因團隊過大、溝通意見過多，發言人又不願意當眾讓步而使溝通陷入僵局。因為分組溝通可以改變環境設定，所以更容易談出成果。

▒ 克服團隊對話的缺陷

由團隊一起完成的溝通會有很多優點，比如可以補足個人溝通的劣勢，還可以產生多種戰術策略等。但是，團隊溝通也有缺點，對於這些缺點，我們要盡量防範或補強，以防它們影響溝通效果。

1. 利益衝突

溝通團隊的目標雖然是一致「對外」，集合每個人的力量與外人對話，但是，由於團隊內人數較多，每個人、每個小團隊都可能有各自不同的利益需求，這就很容易導致團隊內部出現利益衝突。

比如，有的成員想要爭功，在對外溝通時，原本不該他表達時，他卻極力表達；不是問題或者只是小問題，他會說成大問題，以顯示他的重要性。有的成員想要推卸責任，該他拿主意、做決定時，他不拿主意、不做決定，出了問題就把責任推到別人身上。還有一些團隊成員之間存在微妙關係，也會影響溝通效果。

舉個例子，在一場複雜的談判中，參與其中的可能不只一家律師事務所，有公司裡常用的日常律師，有負責證券方面的律師，有負責併購業務的律師，還可能有老闆的私人律

師，這些人都是同一個談判團隊內的。如果他們之間的關係協調不好，就可能會出現互相爭功或卸責的現象。

所以，我們在組織團隊時就要預見到，這個團隊是否真的需要這麼多人參與，如果不需要，那就讓某些人或某些角色只在某個時間段內參與，而不需要從頭至尾都參與其中。作為團隊管理者，我們要像一個樂隊指揮一樣，哪個樂器聲音大、彼此間如何配合，都要透過排練和事先的規則安排好，讓每個團隊成員都了解自己的角色和工作範圍，既不要搶別人的功勞，也不要推卸自己的責任，做好分內之事，這樣才能共同推進溝通的順利進行。

2. 羊群效應

羊群效應是指團隊中每個成員都盲從於一個管理者，大家人云亦云，不肯自己思考。原本組成團隊參加溝通是為了彌補一個人單打獨鬥的不足，但如果團隊中出現一個強勢的管理者，不肯接受大家的意見，那麼時間長了，大家也就不提意見了，一切聽從管理者「指揮」；或者整個團隊沒有樹立起清晰的溝通目標，每個成員的動力都不足，沒人願意真正投入時間、精力和專業意見來推動溝通順利進行。這時，雖然團隊中的每個人都在忙著溝通這件事，但其實沒有集中

管理者，大家都像羊群一樣，漫無目的地移動著。

　　要克服羊群效應，團隊中就必須有一個強而有力的管理者，他可以引領團隊方向，而不是放羊。同時，他還要善於傾聽成員的意見和聲音，並有令人信服的判斷力，可以決定採納什麼樣的意見。

　　我在工作中就見過不少這樣的溝通團隊管理者，他們既善於傾聽意見，又很有定力和決斷力。一個溝通團隊如果沒有這樣的人帶領，許多大型、複雜的溝通和交易就很難有效完成。

3. 保密困難

　　在很多關鍵性溝通中，資訊的保密是至關重要的。但在一些複雜的團隊溝通中，資訊保密就會比較困難。一般來說，團隊在開準備會時，許多專家、顧問等第三方都會到場，他們還有各自的助手和員工。核心人物自然知道事關重大，保密意識也比較強，但其他人可能並沒有很強的保密意識，有時一不留心就把自己參加了什麼會議、見了哪些人物等說出去了。尤其在一些重大專案中，或者會場中有大家都知道的名人時，有些人就喜歡到處吹牛，以此抬高自己的身分。殊不知，說者無心聽者有意，一些祕密就這樣被洩露出

去了。

　　做好保密工作，我們首先要盡量減少團隊的規模，對於不同角色的專家顧問，可以一起談溝通框架，但要分別談細節。如果很多細節內容跟其他人無關時，就不需要讓大家都知道。

　　其次，我們還要時刻提醒團隊成員資訊保密的重要性，要求大家不亂放文件，在其他場合不要談論工作等，尤其在電梯內、飯桌上，都要盡量避免談工作。

　　我們之前在拍真人實境節目《令人心動的 offer 第二季》時有這樣一個細節：在一場談判中，我邀請兩位實習生和我出來商量一下策略，結果我發現，他們把所有資料都留在了談判的會議室。我看到後，並沒有提醒他們，因為這畢竟是在拍節目。但在談判結束，總結當天表現時，我就很認真地提醒他們說：「今天大家都有個不謹慎的地方。」我還沒說到底問題出在哪裡，他們馬上意識到了問題所在，就是把資料放在了只有對方在內的房間裡。經過這件小事，我相信大家的保密意識一定會有所提升。

　　綜上所述，我們發現，以團隊形式出現的溝通可以增

強溝通的綜合能力，擴展應用各種策略和戰術的空間和可能性，但也增加了溝通的複雜程度。這就提醒我們，在以團隊形式參與溝通對話時，一定要使團隊中的每個成員做好分工，扮演好自己該扮演的角色，打好戰術配合。這樣，溝通才能順利推進，也才更有可能拿到自己想要的結果。

看不見的參與方：你在談，很多人在看

　　不管是在生活還是在工作中，許多關鍵性溝通都是超越溝通雙方的，可能會有更多參與方參與其中，並且這些參與方有的在現場，有的並不在場，而是在背後觀察。這就需要我們具備更廣闊的視角和更強大的把控力，能夠識別出每一個參與方的利益和需求，掌控好一場涉及多方的關鍵性溝通進程，使溝通可以順利推進，達成目標。

　　有些人可能覺得，多方溝通並沒什麼難的，把溝通的基本能力和技術用在每個一對一的溝通關係裡，不就可以了嗎？這種觀點是只知其一，不知其二。多方溝通當然離不開溝通的基本能力，但它的複雜程度並不是簡單的基本能力和技術的疊加就能解決的。兩方的溝通中只有一組關係，而一旦增加了一方，三方對話就變成了三組關係，四方對話就變成了六組關係……關係越多，就越難以掌握，何況還有那些沒有直接到場的間接利益相關者，以及看不見的參與方。所以，我們在面對多方溝通時，腦子裡必須牢牢樹立一個意識，就是有看不見的參與方也正參與其中，我們需要考慮到他們的利益和需求。只有記住這件事，並且知道如何應對，我們才算得上邁入了高階的關鍵性溝通者門檻。

⠿ 多方溝通

　　一對一的溝通交談很常見，多方的溝通也並不少見。比如我們去租房子，很多時候都需要與房仲、房東一起溝通，這就是一個三方溝通的場景。房仲並不屬於我們的團隊，也不屬於房東的團隊，他有自己獨立的利益訴求，所以這就不是一個團隊溝通，而是一個多方溝通。在這種場景中，做好場景識別、對手識別很關鍵。

　　我曾經陪同一位外國客戶去租一個四合院，作為他公司的辦公位址。約好時間後，我們就跟房東和房仲見了面。我們這次溝通有四個人，但是共有三方，我和這位外國客戶是同個團隊的，在這個場景中，我並沒有獨立於客戶的利益。在幾方進行溝通時，房仲自稱是 agent，這時，外國客戶就問房仲：「你是誰的 agent？你是我的 agent，還是房東的 agent？」這一問，把房仲問傻了，她解釋了半天也沒解釋清楚。

　　這裡的問題就是，房仲在介紹自己時，用了一個錯誤的詞：agent。這個單詞的意思是「代理人」，但從法律角度來講，必須先有本人，才有代理人，但房仲在我們這場溝通中並不是代理人，而是「居間人」。居間人應該翻譯

為 broker，而不是 agent，所以她既誤導了別人，也繞暈了自己。其實在這個場景中，我才更像是 agent，因為我是代表客戶在跟房仲和房東溝通，客戶是本人，我屬於他的代理人。

這個案例提醒我們，當溝通的一方有代理人的時候，並不一定是多方對話，但如果有居間人的角色，那麼這個場景就屬於多方對話了。

▓▓ 多方溝通的兩個場景

多方的溝通對話一般有兩個場景，一個是全體溝通，一個是分別溝通。

全體溝通就是所有參與溝通的人都到場，比如一個公司要出售，公司共有三個股東，這三個股東一起出面跟買家談判，這就是參與者都到場的全體溝通。

分別溝通是發生在任何兩個參與溝通的人或者部分參與者之間。我們經常看到國際上開大會，比如聯合國大會，總會有立場相似的國家坐在一起，先協調彼此間的立場，這就是分別溝通。

分別溝通也可以分為兩種：規則安排的分別溝通和私下

的分別溝通。其中，規則安排的分別溝通就是根據已經定好的流程，有一些只有部分參與者參加的溝通，比如公司的三個賣方股東對買方說：「我們先去商量一下再給您答覆。」這就是買方知道的賣方之間的分別溝通。但如果其中一個賣方私下聯絡買方，在另外兩個賣方不知情的情況下與買方進行了溝通，這就是私下的分別溝通。

在有些情況下，私下的分別溝通是被禁止的，最明顯的場景就是投標。招投標過程是嚴禁投標者之間互相溝通的，所有溝通都要發生在發標方與投標方之間。投標者之間如果私下溝通，就屬於串標，是不允許的。

由此可見，一旦出現了多方溝通，情況就會變得十分複雜。有優勢的一方或者有能力制定規則的一方，就會利用這些優勢創造一些對自己有利的賽局因素。

我曾參加過一些投標，有些公司組織的投標就將賽局思維用到了極致。比如，一個招標公司會找四五家律所來投標，先設定一個分別溝通的場景，讓每個律所向該公司陳述自己的能力、優勢和業績，然後向公司提交一個報價。等四五個律所都陳述完了，這個公司再把律所負責人一起招到一個會議室裡，這時就出現一個全體溝通的場

景。但是，這個公司並不會真正與律所負責人溝通，而是直接把四五家律所的報價都公示出來，讓幾家律所都知道別人報價多少，然後，公司這邊再說：「你們去商量一下，再提交第二輪報價。」於是，這幾家律所負責人只好分別回去再跟自己人商量，看看第二輪怎麼報價。在第二輪報價時，如果想要得標，律所間就必然要打價格戰。所以，這就是一個公司組織讓律所互相傷害的多方溝通。對於這種做法，表面看對公司有利，其實完全搞錯了重點，因為選聘律師並不是哪家報價便宜就選哪家，而是要看律所的服務水準、律師的專業水準等。顯然，這樣的公司對於這一點是完全不懂的。

這個案例就是想讓大家了解，多方溝通中會出現很多複雜的情況，但我們只需要記住多方溝通和對話的兩個場景，在其他溝通對話中就能看清很多場景。

▓ 看不見的參與方

任何一場溝通對話都可能存在看不見的參與方，因為走進溝通現場的參與方總是有限的，有些人因為與這件事屬於間接關係，或者整個會場容納人數有限等，不能直接參與溝

通。但是，溝通的內容和所涉及的利益並不會因為會場人數所限，或是有些相關方沒有來到現場，就將他們排除在外。

比如，兄弟姐妹幾個人商量自己家的一些事情，可能涉及財產分配、老人贍養等問題，這時幾個兄弟姐妹就是到場坐在一起的相關方。但是，他們的配偶、子女、男女朋友等，也都會與這些安排發生一些關聯，或是產生一些利益上的關係，但他們未必都會到場。或者說，兄弟姐妹在商量贍養老人等事項時，老人正在住院或是在養老院，也沒有到場，但幾個相關方商量的確實是與老人切身相關的事情，所以就算老人沒到場，也是一個重要的相關方。

在很多場合下，沒有到場的相關方還是比較明顯的，比如在商量贍養老人或照顧孩子的事情時，有時老人或孩子就不會在現場。但最終老人或孩子能不能接受其他參與者商量出來的結果，也是溝通對話需要重點考慮的因素。所以有些時候，沒有到場不代表這些參與方不重要，反而恰恰是這些沒有到場的參與方，才能真正決定溝通的結果。

瑞典以前有個著名的高性能汽車品牌，名叫紳寶，其車型和技術曾被很多愛車者津津樂道。後來，紳寶陷入經營困難，幾家中國汽車製造公司便與紳寶接觸，想要收購

這個品牌，或者購買紳寶的技術。其中差一點就將紳寶收購的，是當時聯手的龐大汽車和青年汽車，兩家公司跟紳寶談判幾次後，整個交易推進都比較順利。然而，就在交易接近完成時，一個沒有直接參與談判的第三方站了出來，它就是通用汽車。

通用汽車為什麼能站出來呢？因為紳寶的很多技術，包括它的生產平台等，都是由通用汽車許可給紳寶使用的。也就是說，紳寶並不是百分之百擁有所有生產汽車的技術，它只是在通用的平台上做出了自己品牌的汽車。現在紳寶想要出售，通用便站出來表明了自己的態度：不同意龐大汽車和青年汽車這個聯合體收購紳寶，否則通用就不再繼續許可這些關鍵技術。

通用的反對是有道理的，因為通用在中國有自己的合資工廠，也有自己的重要市場利益，如果紳寶汽車也進入中國，那必然對通用的合資公司和市場利益造成衝擊。所以，一開始沒有出現在談判桌上的通用公司，一出手就結束了整個交易。

在一些複雜的溝通中，我們必須學會運用對複雜事物的理解能力，運用廣角鏡頭去看整個溝通全域，弄清其中的相

關方都有哪些、各方的利益都是什麼，然後透過利益調整和
交換來滿足各方需求，將反對力量變成支持力量。這樣的能
力既是對複雜事物理解能力的體現，也是外交能力的體現。
因此，我要提醒大家，面對自己不熟悉的環境時，一定要特
別注意那些看不見的參與方及其利益，這個不熟悉的環境可
能是另外一個國家、另外一種文化，也可能是我們不熟悉的
行業。要洞悉這些，我們就要開啟「6.0 版感知雷達系統」，
學會用全景的廣角鏡頭去看自己所面對的場景。

　　通常來說，在各種溝通場景中，看不見的參與方主要包
括下面幾種。

1. 主管機關

　　這類參與方主要包括政府、有權力決定許可和不許可的
單位等。比如，我們是做併購交易的律師，在每次涉及一個
新的國家或地區的併購交易時，都會面臨一項重要的前期工
作，就是要看在這個併購交易中，我們需要拿到政府的哪些
許可才能使交易生效，然後再評估拿到這些許可的可能性。
同時，我們還要把這個交易放在一個特定的行業領域內去
看，因為不同行業的許可要求也是不同的，行業裡還有某些
特定的、看不見的相關方。

　　比如，我們要開一家連鎖餐廳，與開一個發電廠所涉及的許可和背後那些不會直接到會議室跟我們溝通的相關方肯定是不一樣的。雖然這些相關方不直接參與交易溝通，但當我們把相關資料報上去後，這個交易被允許還是被否決，卻由它們直接決定。一旦被否決，我們前面所有的工作就都白做了。想不被否決，就必須提前把各項事情都研究透、準備好。有時候，權力許可的部門、單位等看不見的參與方可能不是政府，而是這些部門、單位本身就有這樣的權力。比如，我們想在學校舉辦一場講座，事先已經和學生會、主辦者都溝通好了，結果學校突然說，出於某些原因，這次活動不能舉辦了。在這種情況下，學校雖然不是政府，但我們舉辦講座的場地歸它管理，它就是一個具有決定權的看不見的參與方。

2. 輿論

　　輿論主要包括各種媒體，如電視、報紙等傳統媒體，以及社群網站、短影音等新媒體，此外還包括周圍人的意見，如同事、上司、親朋好友等。大家對一件事是支持還是反對，都會對我們造成巨大影響。這些輿論也屬於非常重要的參與方。

　　大約十幾年前，有兩個當時十分令人矚目的併購案，都是因為公眾輿論介入而導致併購未能成功。其中一個是凱雷集團收購徐工機械的案子，另一個是可口可樂收購匯源果汁的案子。

　　當時，凱雷屬於一個很出名的外資背景收購方，它要收購徐工這個在中國很有名的本土品牌，自然很容易引起人們的關注。一般來說，企業之間的併購並不會出現在大眾媒體上，最多可能會出現在偏財經類的媒體上，但這個案子當時在互聯網和大眾媒體上都引發了很熱烈的討論。大家討論的焦點，一個是外資企業收購中國本土品牌讓人難以接受，另一個就是最先在媒體上挑戰這件事合理性的人，正是徐工集團的競爭對手，也就是三一重工的企業領導者。人們紛紛討論，覺得是不是這家企業擔心自己的競爭對手被外企收購後實力增強，最後導致自己在市場上的地位不保，所以這家企業的領導人才站出來反對。

　　這就是在探究人的動機了，只是這個動機並不容易探尋，但不論如何，這次收購經過媒體發酵和公眾輿論討論後，最終確實沒有成功。除了凱雷收購徐工沒成功，可口可樂收購匯源也沒成功，大部分原因也是輿論壓力過大，最終不了了之。

由這兩個案例可以看出，在很多時候，輿論媒體，包括競爭對手，都有可能是我們某些溝通中看不見的參與方，一旦它們開始下場參與，就很可能影響到溝通結果。

3. 家族與家庭

在傳統社會中，家族和家庭對人們的選擇和決策也會產生很大影響，即使是今天，我們在做一些決策時同樣無法消除家族和家庭的影響。比如，現在的年輕人在城市裡辦婚禮，跟在農村地區辦婚禮，形式就完全不同。在城市裡辦婚禮時，可能會邀請自己的朋友、同事，婚禮也會辦得比較簡單、明快。但如果回到自己土生土長的故鄉，在一個比較傳統的文化環境中辦婚禮，就要遵循老一輩流傳下來的各種風俗禮儀來操辦了。

同樣地，很多年輕人在面臨人生的重要問題上，如在哪裡工作、在哪裡生活、和誰一起等，也會或多或少地受到家族和家庭的影響。在與別人打交道時，我們也會意識到，對方可能會受到他的家族或家庭潛移默化的影響，尤其在生活和感情問題上，影響往往更加明顯。

4. 宗教

在有些國家或文化環境中，宗教也會產生強大影響。我們在與國外律師交流時，比如西班牙、葡萄牙、菲律賓和拉丁美洲等一些國家和地區的律師，不管是面對商業事務還是民事事務，他們在溝通過程中總會考慮到宗教影響。

這也提醒我們，在與有宗教信仰的人交流時，一定要充分考慮到宗教可能帶給對方的影響。

5. 其他組織

我們在做併購交易時，常常要考慮一個看不見的參與方，就是這個被併購企業的員工或他們的工會。企業控制權一旦發生變更，它的經營方式、經營理念等就可能發生變化，而員工原來熟悉的那套結構和框架也就有可能會進行調整。所以，對員工來說，企業併購是一件比較敏感的事，也是我們需要特別關注的事。

同時，我們更要意識到，有一些國家的工會力量十分強大，如德國、韓國等。我們在做企業併購時，都會特別關注這些工會對於企業併購的意見，以及它們所採取的立場和步驟等。

在很多地方，非政府組織（NGO）也會發揮重要作

用。如果我們準備做石油探勘或礦業開發的專案，那麼當地的環保組織或一些綠色組織就可能會出來發聲。其他像是消費者組織也會對某些產品、某些事件等發出自己的聲音。

　　以上這一切都表明，在不同的文化環境中，我們需要針對當地情況，對社會上的其他組織，如工會、環保組織、消費者組織等，進行充分的了解，並對它們的意見做出充分的評估。當我們站在更廣闊的視角，對這些看不見的參與方有所考慮並給出相應的應對方案時，對於我們參與的任何一場複雜性溝通都會往上一個台階，或者增加成功的機率。

馬拉松式對話：大戰三百回合的管理和控制

很多人都有這樣一種思維：自己只要掌握了溝通的基本技能、基本結構，即使時間跨度出現變化，也並不影響什麼，大不了把本來一小時完成的溝通分成三小時來完成，或者需要幾天完成的溝通壓縮在一兩天內完成就行了。

這種想法就將一些時間跨度長，或者時間緊、任務重、壓力大的溝通看簡單了。要知道，在很多時候，時間維度一旦發生變化，事情就可能也會隨之發生變化。當這些變化發生後，我們仍然以剛開始時的思路去看問題，難免會產生不知變通的情況。所以，能在時間較寬鬆的要求下完成關鍵性溝通的人，同樣需要具備在時間緊、任務重、壓力大的要求下掌控溝通的能力。就像打籃球一樣，我們的籃球可能打得很好，可以在十分鐘左右的時間內連續上籃，但如果在一個時間緊、任務重的場景下，比如在一場爭冠賽中，或者對方的爭搶十分凶猛的情況下，我們是否還能打出這麼好的成績？另外，如果在一場時間跨度很長的比賽中，如一個賽季內，我們能不能呈現比較好的狀態呢？畢竟打十分鐘的好球與打一個賽季的好球，所呈現出來的能力是完全不同的。

這就提醒我們要學會在有時間壓力的情況下把握好溝通

的節奏，不要被這些時間節奏帶亂，更不要在時間壓力下選擇妥協，倉促成交，而是要以耐心和合作的方式，努力去推動溝通順利進行。同時，我們也要清楚，時間是最寶貴的財富，對於一些不該進行超長時間的馬拉松式溝通，要及時止損，該離場時就離場。

關鍵對話的時間壓力

時間是人類最重要的維度，不管是歷史上發生的事情，還是每個人的年紀，都是以時間來作為標記進行描述和刻畫的。溝通同樣有時間的標記，有些溝通可以在相對合理從容的時間內完成，有些溝通比較複雜，無法在合理寬鬆的時間內完成，或者無法在一個較短的時間內完成，這時，時間維度就會增加溝通的複雜程度。

在我們的生活中，有很多重要溝通都是在時間緊迫的壓力下完成的。比如，馬上要去新公司上班了，我們還沒有在公司附近租到合適的房子，這就是一個時間上的壓力；一個建案要開工了，但相關合約還沒談好，資金、人員也沒到位，這也是一個時間上的壓力。我的工作就經常需要為某個交易設定日期，比如簽約日期、交割日期等，我們必須在這個日期前完成規定任務，否則合約要麼無法生效，要麼無法

交割，這時我們就要承擔違約責任。

以上這些都是人為設定的時間和日期。有些人可能會說，我把這個時間設得長一些行不行？我們可以把時間設長，但別忘了，人都有拖延的心理和習慣，只要時間沒到，我們總會有新的事情要做，也總有新的理由拖延，到最後不見得能提前或按時完成既定任務。

還有一些日期是法律或監管設定的日期，比如我們曾經參與過一個大型併購交易，按當時的交易規模，談一兩年都有可能。但是，這個交易卻是在四十八小時之內談成的，原因就是該交易有監管要求。

當時的情況是這樣的：兩家大型上市公司談併購交易，它們所談的一些事情可能是保密的，所以並沒有觸發應該公告的條件，但世界上總有透風的牆，這個消息還是傳出去了，導致兩家公司的股票出現異動。股票出現異動這一天剛好是星期五，收盤以後，監管機關就提出要求：兩家公司必須在下星期一開市之前做出公告，告知股東兩家公司是否有交易，以及這筆交易是否進行。這兩家公司很想達成這筆交易，但想要讓交易進行下去，就必須在下星期一前把交易說清楚。這樣一來，留給雙方談判的時間

就只剩下四十八小時。

　　這場談判的很多參與者，包括我們，原本都沒有做好在四十八小時內談下交易的準備，只是以為大家先一起召開一個會議，會上談一下解決問題的大致方向，或者先談個方案出來。沒想到，從星期五晚上開始一直到星期一凌晨，雙方一直都在溝通。其間，大家都沒有休息，尤其像我們這些在一線工作的律師、會計師、交易雙方的顧問等，更是基本上沒闔過眼。當然，在這種巨大時間壓力下的溝通和談判中，人的情緒也幾乎接近於崩潰。但越是在這種情況下，越需要我們具備更高階的、對整個談判進程的把握和對情緒的控制能力，以及對各方利益和需求清晰洞察的綜合能力。最終，在大家的共同努力下，這次談判算是比較圓滿地結束了。

　　還有一些溝通，時間跨度非常長，比如國際上的很多談判。即使是我們個人生活中的一些事情，比如感情破裂後的財產分割問題、老人贍養問題、遺產分割問題等，時間跨度也都會比較長，溝通起來也很艱難。

　　中國加入世界貿易組織（WTO）的談判就從一九八六年開始，一直談到二〇〇一年，共談判了十五年。因為那時

加入 WTO 是一個多方談判的過程，僅僅中美談判就進行了二十多次，中歐談判也有十幾次，此外中國還要跟其他多個國家和地區進行多輪談判。這就是一個非常經典的、時間跨度非常長的多輪談判，需要複雜談判的操盤者對整個談判過程有超高的把控能力。

英國脫歐的談判從二〇一六年談到二〇二〇年，共談了四年之久。即使到現在，一些遺留問題也沒有完全解決。

中國與蘇聯以及後來的俄羅斯之間的劃界談判，從一九六四年起一直談到二〇〇八年才結束，屬於一場跨度四十多年的談判。一場溝通或談判的時間跨度特別長，往往是由多種因素造成的，有時是議題複雜，有時是參與方過多，需要溝通的事項太多，有時則是由參與者的工作風格造成的。我們就見過有些歐洲公司在與中國企業談合作時，幾乎是每個月過來一次，每次只停留兩天。這樣斷斷續續地談一次合作，差不多會談一年之久。如果能專注地坐下來談，往往兩三週就可以搞定，但這就是他們的工作風格。這些方式都會令溝通時間延長，甚至成為馬拉松式溝通。

時間壓力下的態度

雖然時間跨度較長的溝通會帶給人較大壓力，但並不是

說閃電式的協議、突然的成交就是好事。溝通時間過短，成交過於倉促，可能難以搞清自己和對方的利益訴求和最終溝通目標。尤其是一些重要的溝通談判，還是需要多花些時間，耐心地溝通幾次，盡量將自己與對方的利益需求弄清楚，同時也能最終達成雙方的利益需求。當然，如果期間能盡量節省一些時間，那就更完美了。

我們前文提到，一個溝通高手，首先要成為一個樂觀有耐心的溝通者。耐心是一個非常寶貴的特質，但耐心也不是每個人天生就有的，更多的是需要後天磨練。要磨練出耐心，我們就需要認識到這個世界的構成是複雜的，既有各式各樣的人，也有各式各樣的事；每個人都有各自的特質和情緒，每件事也有各式各樣的誘發因素。所以，每個人看問題的角度不同，得出的結論也會不同。在這種情況下，我們就不能把自己的觀察或觀點強加給別人。只有認識到世界的複雜性，認識到每個人、每件事、每個組織結構都有其不同的側重點，我們在做事時才能更有耐心，也才能更深入地尋找和探究解決問題的最佳方案。

有些時候，一些具有嚴格時間要求的溝通都是人為造成的。比如，溝通中的一方說：「今天如果談不好，我們就不結束。」結果可能會從上午談到下午，從下午又談到晚上，

甚至談到深夜，這就帶來了時間上的壓力，還很有可能使其中一方做出不必要或不理性的讓步。

所以，在溝通過程中，我們要分清是否真的有必要增加時間壓力。我前面舉過例子，在監管機構的要求下，兩家想併購的公司必須在四十八小時內向市場做出公告，這就是真的有必要；有些溝通其實沒必要增加時間壓力，可能只是覺得雙方好不容易坐在一起溝通，就必須拿出個結果來，這就會帶來一定的時間壓力，迫使我們不得不在緊迫的時間裡做出決定。

這種談判一般被稱為「耍手段」（dirty tricks）。對於這類情況，我建議你可以根據具體情況，運用下面的態度和方法與對方溝通。

1. 能拒絕時堅決拒絕

有些人在溝通談判過程中，很善於利用所謂的「最後一分鐘」，在雙方一切都談好的時候，突然要求我們再給出某些優惠條件，而其他條件不變，只要我們答應，就立刻成交。這種情況會讓人很惱火，之前明明已經花費了大量的時間和精力與對方溝通，現在馬上要成交了，對方卻突然提出無理要求，我們是接受還是不接受？接受了，就意味著我們

的利益要受到損失；不接受，前面的所有努力全部白費。這一點恰恰就是對方故意利用時間緊迫給我們壓力。

為了避免這種情況的出現，我們在溝通前就要做好心理建設，預防對方耍這樣的手段。一旦對方做出這種行為，我們能拒絕時就要堅決拒絕，直接告知對方：「我們不能接受您這種最後的突然襲擊，我們認為這不是一種好的溝通方式。如果您堅持要這樣做，我們就不談了。」這樣做，既不會被對方牽著鼻子走，也不會損失自己的利益。

2. 跟對方做「同事」

這也是一個可以克服時間壓力的態度，也就是本著大家是合作夥伴、共同解決問題的原則，和溝通對象建立起像同事一樣的合作態度。抱著這樣的心態與對方溝通，相互配合，尋找解決問題的方法，也能讓整個時間跨度不會帶給我們太大壓力。這點不難理解，試想一下，如果在溝通中大家的利益和觀點不一致，必然會產生一些分歧。如果我們把分歧當成對抗，甚至帶著情緒去面對對方，勢必會影響溝通效果。所以，**真正的溝通高手在必要時可以放下「自己才正確」的那種堅持**，放下因對方不同意自己的觀點而造成的沮喪和無力感，更多地關注事件本身，並積極配合對方的合理

需求。

這時，我們可以運用前文中提到的「6.0版感知雷達系統」，雖然溝通雙方是對手，但我們的態度是作為隊友與對方配合的，大家一起來弄清自己的需求是什麼、對方的需求是什麼，然後集思廣益，共同尋找解決問題的辦法。在這個過程中，哪怕對方所用時間長一點，雙方在合作過程中也是高效的，整體上大家的情緒也是愉快的、專注的。

3. 該做的工作不能忽略

在多輪溝通的間隙，也就是大家沒有坐在一起正式溝通時，溝通也是在進行中的。也就是說，溝通並不會因為我們離開了溝通場地、離開了談判桌就直接終止。在這種情況下，我們就要把溝通看成一個持續的過程，即使在間隙中，也不能停止自己的工作任務，該準備的資料要積極準備，對手識別、場景識別、策略和戰術等，該分析的分析，該細化的細化，該更新的更新。可以說，我們所有能在溝通中用到的能力，都可以在溝通間隙獲得非常好的調整和升級機會。

4. 與溝通對象維持友好關係

當溝通告一段落或者結束後，我們和對方可能很長時間

不再見面了。但是，不見面不等於不聯絡、不交流，維持友好的關係還是很有必要的，因為我們不知道什麼時候還會與對方見面、溝通、合作。

所以，溝通結束一段時間後，我們可以主動聯絡對方，比如，傳個訊息，聊聊近況，或者在節假日時問候對方，也可以在對方的社群媒體上按讚、留言，這都是在維持與對方之間的友好關係。

實際上，當雙方不見面、不談判時，反而更容易維持關係，因為大家內心很清楚，彼此都不需要考慮運用什麼策略，或者如何從對方手裡爭取自己的利益等。在這種情況下，雙方也更容易進行一些輕鬆的日常交流和節日問候，而這又能為以後的溝通對話關係打下良好的基礎。

▓ 時間是寶貴的

每個人的時間都是很寶貴的，在溝通談判過程中，我們如果已經預料到此次溝通會非常耗時，那就要評估一下自己是否還有必要參與其中。

在一場關鍵性溝通中，能夠準確地評估出自己應該何時開始、何時據理力爭，以及何時離場不談，其實是一項非常重要的能力。同時，我們還要能夠評估出離場不談的結果與

我們繼續談下去調整目標的結果，哪一個對自己更有利。前文我們講過一個重要概念：最佳替代方案，這裡就可以用它來評估一下，如果我們結束溝通，選擇最佳替代方案，再加上節省下來的時間，對我們來說是不是最有利的；如果是，那就可以直接選擇不談。

很多時候，我們總是意識不到時間的寶貴，所以會花費大量時間做一些沒有太大意義的事。這可能與我們從小接受的教育有關，比如要省錢、要節約等。省錢、節約這些當然都是美德，從小我們聽得道理也足夠多，但對於時間的價值，我們聽到的卻比較少。

我在剛剛上班時，還沒有行動支付方式，買東西都要用現金。我們公司樓下有一個ATM，但不是我們薪資發放的銀行，因此，我每次提款時都要走過一條街，去發放薪資所在的銀行裡提款。我的同事很不解，就問我為什麼不在樓下的ATM提款，而跑那麼遠。我就說，因為在樓下ATM提款屬於跨行，要多花手續費。他覺得我的做法不可取，於是跟我說：「你應該這樣想，如果我對你說，史律師，麻煩你去街邊幫我提款，我給你跑腿費，你去嗎？」我說我肯定不去，我不願意為了幾塊錢去幫他跑腿。他說：「但你

現在就是這樣做的啊，這兩種行為本質上有區別嗎？你浪費了十幾分鐘的時間，就為了省幾塊錢，你的時間價值是什麼？」我忽然覺得他說得很有道理。

有些時候，我們會覺得自己做一件事可以省錢，或者跟別人談一件事，就能在經濟上占到一些便宜，但是，我們沒有考慮到做這件事的時間值不值錢。

對一場關鍵性溝通來說，什麼時候該離場，時間就是一個需要重點考慮的因素。當我們所花費的時間已經超出可能獲得的利益時，就該離場了。我現在在一些合約中會經常寫上一句話「時間是重要的因素」（time is of the essence）。要衡量一件事情的價值，就要把它本身的價值與我們在它身上所花費的時間價值加在一起，才能得出它最終的價值。

所以，我們不害怕時間壓力下的溝通，也不畏懼馬拉松式的溝通，但是在投入一場耗時的溝通之前，一定要三思而後行。因為一旦投入其中，我們為之付出的時間、精力等就會使我們難以再做出撤出來的決定，最終得到的結果很可能也不是讓我們滿意的結果。

當然，如果我們發現此次溝通的結果已經是一件於我們無益的事情，即使當下離場很難，也要當機立斷，而不是想

著如何回本，或者等待一個什麼樣的時機。割肉的最好辦法就是馬上割，而不是繼續在上面浪費時間，最終獲得一個不大的利益，這是得不償失的，也是我們不提倡的。

突破僵局：運用高手的創造性思維

在工作和生活中，我們經常會有這樣的經歷：與對方就某件事溝通了好幾輪，卻沒有任何進展，幾個焦點問題也無法解決，可是為了事件的有效推進，又不得不繼續談判⋯⋯這種經歷十分痛苦，也讓每次溝通看起來都像在浪費時間。

這個過程就是關鍵性溝通面臨的一個重要問題：陷入僵局。如果無法有效突破僵局，甚至無法有效處理自己的情緒，溝通就難以繼續，也無法取得任何結果。

很多人認為，溝通一旦陷入僵局，就等於雙方談不攏了，溝通結束了。有時的確是這樣，但大部分時候，僵局並不是溝通的結束，只是整個溝通過程的一部分。要知道，關鍵性溝通並不是日常聊天，而是解決複雜問題，解決各種利益交織的問題，中間遇到談不下去的情況，或雙方意見不能達成一致，陷入僵局，都是非常正常的。如果沒有僵局，一切都很順利，那就不叫關鍵性溝通了。

所以，對於溝通僵局，我們首先要打破對它的恐懼感，並且要知道，關鍵性溝通就是由一個又一個僵局形成、突破、化解的過程組成的，僵局的生生滅滅，也是關鍵性溝通向前推進的過程。既然僵局不是結束，那麼它就一定有應對

的方法。不僅如此，有些人還會故意將溝通雙方引入僵局，以此實現自己在溝通中更高的利益和價值。

當然，在一些溝通場景中，我們還是應該盡量避免出現僵局，畢竟它會影響溝通的效率。如果實在無法避免，那就要尋找具體的方法和技術手段來打破僵局。

░ 避免僵局

在關鍵性溝通中，僵局經常出現，這並不可怕，也有解決的方法。但是，我們仍然要避免陷入一些沒有意義的僵局，否則它會拖延溝通的進程，對雙方的合作關係也會造成一定的傷害，還需要花費大量的時間和精力去化解僵局。

那麼，我們要怎樣避免陷入溝通的僵局呢？這就需要我們根據僵局的形成原因來進行預防。

1. 自然僵局

自然僵局一般指溝通雙方在一個條件點上出現了較大的分歧，導致溝通無法繼續進行。這種僵局通常不會影響整個溝通進程，我們可以先把它放一放談其他內容。

我們去採購一批貨物，賣方給出的報價是三十萬元，

但我們手裡的預算只有二十五萬元，於是就想讓對方降價，但對方不肯，這時形成的就是一個自然僵局，雙方在價格這個點上談不攏。不過沒關係，我們可以先談談別的，比如向對方了解一下，對方貨物的生產週期是多久，庫存情況如何，最近出貨情況怎麼樣，是否還有其他同類產品，等等。經過一番了解溝通後，再回到價格問題上，可能就會找到解決辦法。比如，對方可能會有庫存比較高的季節，那我們就可以跟對方約定，到那時再來採購，價格可能就會有所變化。

由此可見，自然僵局並不是一個需要刻意避免的僵局，對於其他問題多了解、多溝通，可能就會找到避免僵局的有效方法。

2. 人的情緒或錯誤造成的僵局

由於人的情緒或錯誤造成的僵局是我們要避免的。我們前文強調，在關鍵性溝通中，最不重要的就是自己的情緒，所以我們要關掉那個向內掃描的「1.0 版天然情緒雷達系統」，改為向外掃描，感受對方和其他相關參與方的情緒利益和需求，從而推動溝通向前進行。

　　但是，有時溝通中的一方沒有控制好自己的情緒，就會出現僵局，其場面就是你不同意我，我也不同意你，甚至上升到對方有沒有誠意，乃至出現人身攻擊。這種僵局於溝通是非常不利的，也是我們要盡量避免的。

　　要避免這種僵局出現，一方面我們要打開「6.0 版感知雷達系統」向外掃描，不讓自己產生強烈的情緒；另一方面，如果對方是個很情緒化的人，我們也不要與對方的情緒硬碰硬；同時還要注意，如果雙方都控制不住情緒，導致情緒疊加，我們要及時喊停、休會。比如跟對方說：「談了這麼長時間，大家都有些累了，先休息一下吧！」、「我們打個電話給公司商量一下，再繼續談怎麼樣？」用這些方式將緊張的氣氛緩和下來，等大家情緒都平穩下來後，再繼續下一步的溝通。

　　在這個過程中，有一點非常重要，就是不要讓自己的情緒針對某個人，更不要搞人身攻擊。雖然有些人在整個溝通中發揮的作用很不好，但如果我們針對他個人發表意見，或對他發起人身攻擊，那麼大家的注意力就會關注在我們和這個人的矛盾上，這不利於整個溝通的順利推進。在這種情況下，我們就要講究策略了。

有一次，我參加了一個多方參與的併購談判，其中有不同的買方與賣方，溝通非常複雜，而且外方負責人幾天後就要回歐洲，我們必須抓緊時間，所以幾乎是徹夜談判。但是，其中有一方的律師，在溝通談判過程中一直心不在焉，其間還經常突然問大家一些已經討論過的問題，或者是已經達成一致的問題。我們過去看了一下他的電腦，結果發現他正在做別的事情，注意力根本就不在我們的談判中。

不僅如此，我們當時的談判就是在他的辦公室裡進行的，各方臨時修改文件也是用他辦公室裡的電腦。結果有一天晚上，大家修改完內容後，他告訴大家，他沒有儲存，導致所有文件遺失，大家只好熬夜返工，各方都怨聲載道。

那是一場多方談判，除了他的客戶對他比較仰仗，其他各方都對他非常反感。當時我也比較年輕，私下跟其他幾方的參與者開了個小會，建議大家跟那位客戶說，糾正一下這位律師，或者不要讓這個律師參與談判了。聽完我的建議後，幾位久經沙場的溝通高手互相對視了一下，告訴我：還是不要提了，因為這是個「核子武器」，在你提出這個針對他的建議，並讓客戶把他換掉後，我們整個談

判的方向和節奏就全變了。我們還是忍忍吧,除非特別必要,否則不要啟動這個機制。這幾位向我提出建議的都是跨國公司的高階管理者,經驗顯然更豐富,處理問題也會更成熟。事實上他們是正確的,如果我去針對這個律師,甚至因為年輕氣盛直接與他對抗,那麼整個談判可能會陷入一個沒必要的僵局之中。

3. 不要設計可能造成僵局的制度

在溝通過程中,想要避免僵局出現,還要注意不要刻意設計一些可能會陷入僵局的制度。比如,公司兩個股東的股權為 50％ 對 50％,這就非常容易導致僵局出現。還有些公司會給小股東或董事會裡的少數人很多否決權,這也相當容易造成僵局。

如果大家經常看新聞就會知道,聯合國安理會上的討論經常陷入僵局,原因就是安理會要通過某項決議,必須由五個常任理事國一致同意才行。同時它還有一國投票否決權,一旦某個國家投票否決,那麼這項決議就不能通過。這就是一個非常容易出現僵局的機制。雖然安理會的投票設計符合建立聯合國時國際政治的背景和環境,但從程序上來看,它並不是一個很完美的設計。

⸬ 化解僵局的手段

雖然我們在溝通談判過程中盡量避免僵局的出現，有些時候溝通還是會不可避免地陷入僵局，這時，我們就要掌握一些化解僵局的手段。

化解僵局的手段其實也是萬變不離其宗，就是要從環境、內容、參與人等方面做一些調整，以達到某種平衡。

1. 環境調整

僵局比較容易出現在溝通場景中人較多的時候，因為大家都在七嘴八舌地發表意見，很容易出現混亂和不同意見。如果我們是控制溝通流程的人，這時可能很難快速做出決策，尤其是當著那麼多人，要做出某些讓步是很有壓力的。

在這種情況下，我們就要對環境做出調整，比如先開一個小型會議。在很多外交溝通中，一旦陷入僵局，幾個國家的領導人或外交長官可能就會開閉門會議，這個會議只帶翻譯，甚至有時連翻譯也不帶，幾個人關上門商量一下，出來之後，再溝通時的狀態就變了。這說明，他們藉由開小會達成了某種共識。我們也可以借鑑這種方式來試著化解僵局。

有一次，我參加了一場談判。一家國外公司要在經濟

開發區投資建廠，我負責這家國外公司的法律問題。雙方接觸後，便開始溝通投資條件，開發區領導者這方以前做過企業，對企業運轉和投資的各個流程都比較熟悉，所以雙方談得比較順暢。但是談到投資額的問題時，雙方卻僵住了，我的客戶承諾了一定的投資數額，但開發區領導者希望我的客戶能多承諾一些，因為開發區有招商引資的任務，投資商承諾多一些，他完成的任務就多一些。結果，雙方在這個問題上僵持不下，最後完全談不下去了，甚至雙方都產生了一些不好的情緒。

我負責一方的談判者是個北歐人，但他在中國居住多年，對中國的一些事情比較熟悉，而談判的另一方是個做企業出身的領導者，對企業事項也很熟悉，其實溝通是不容易陷入僵局的。他們之所以搞僵了，我覺得是會場的氣氛所致，尤其是開發區領導者，身旁還坐著好幾個跟他平級的領導者、其他委辦局的領導者等。

於是，我起身提議，要求暫時休會，大家休息一下。然後，我把雙方的兩位領導者請到一個小房間裡，希望他們兩位單獨溝通一下。到了小房間後，兩位領導的身體和語言馬上都呈現出一種放鬆姿態，沒有了剛才那種緊繃感。這時，開發區領導者開始講他的各種苦衷，比如要完

成什麼樣的任務等，而投資方也表示，他們當時是投資第一期，只能說這麼多，後面第二期的投資至少要到明年。

這時，我就跟他們兩位說，有一種解決方法，就是今年承諾投資多少，明年承諾投資多少，可以把這筆投資分期來說。比如今年承諾十億元，明年承諾十億元，那總投資額就是二十億元，這應該沒問題吧？兩位領導者都點頭表示認可。

就是在一個非常小的房間裡，只用了喝一杯咖啡的時間，我們就把僵局突破了。但如果我把這個提議在雙方一起參與的大會議室裡提出來，可能大家又要討論爭執很久，問題也不會快速解決。這就是改變環境，最終快速化解僵局的一個例子。

2. 內容調整

內容調整不難理解，就是遇到溝通不下去的點時，不要在這個點上僵持，更不要因為這個點而動氣發洩情緒，而是先把它放在一邊，繼續溝通其他問題。等其他問題溝通解決完了，再回到這個問題上，通常可以尋找到新的解決思路。

就像之前案例中所說的，在一般性的商務談判中，價格

往往是最重要的問題，溝通雙方也最容易在價格問題上陷入僵局。這時就可以先把價格問題放一放，先溝通一下其他的問題，例如庫存問題、出貨問題、售後問題等。等其他問題都溝通得差不多了，再回頭看價格，可能很自然地就達成協議了。

這也提醒我們，在陷入僵局後，迂迴地溝通一下，增進雙方的了解，問題反而更容易解決。

3. 引入第三方

引入第三方也是一個化解僵局的方法。比如，溝通雙方對市場的判斷有很大差距，這時，我們正好認識一位市場調研人員或者一位諮詢顧問，那就請他來為大家講一講，讓大家一起學習，聽完之後雙方再溝通。由於有了第三方介入，這時大家就會把爭論的焦點轉移到第三方提供的內容上，從而有利於化解之前的僵局。

我曾經處理過一個獨特的合資談判。當時，雙方已經合作多年，但因為一個重要問題要修改合約，雙方產生了激烈的矛盾，甚至已經不能坐在一起開會了。我雖然是外資一方的律師，卻成了中間的傳話人。中方將要求告訴

我，我再去向外方講解，外方接受或不接受什麼，我再回來跟中方談。在這個溝通中，我幾乎成了一個調解員，但想要推動這個談判繼續進行，我必須保持公平。我也跟外方提出了這一點，我說如果我完全按照您的語氣跟對方溝通，那我和他們是溝通不下去的。外方認可我這種方式，最終這場談判才又進行了下去。這也是引入第三方化解僵局的一種方法。

4. 換人

在一些工作溝通中，如果前方代表已經談得有些疲憊或者有情緒了，想讓溝通繼續進行，最好是換個人來繼續談。

當然，臨陣換將是兵家大忌，畢竟正在溝通的人對雙方和溝通的內容都比較熟悉了，突然換個新人來，一切都要從頭開始。所以，換人並不是化解僵局的優先選項，但如果僵局無法化解，換人也不是不行。就像有些球隊一樣，比賽時總也贏不了，換個教練後就開始贏球。所謂「換帥如換刀」，新較量將過去很多人與人之間的包袱、情緒都甩掉了，大家回到一個正常的溝通軌道中來，往往會有煥然一新的效果。

▦ 妥協的尺度

化解僵局，最終是要靠雙方或多方的妥協和讓步的。其實讓步和妥協並不僅僅出現在僵局場景下，它是整個溝通對話過程中都存在的調整策略。要知道，一場需要平衡利益的溝通對話的任何一方，都是準備寸步不讓的。但在溝通陷入僵局時，雙方又不得不透過妥協和讓步來最終突破僵局。前文說的換環境、換內容、換人等方式，都屬於溝通形式上的改變，最終也是為了溝通實質的改變。也就是說，我們先在形式上做出改變，使整個溝通氣氛放鬆下來，大家都有互相讓步和妥協的餘地。否則，大家一直僵持著，妥協和讓步就根本無法發生。

前文曾講過需求交換表，也就是用我們可以交換、可以變化的需求，去滿足對方必須達到的需求，同時對方也用他們可以變化、可以交換的需求來滿足我們必須達到的需求。所以，**妥協和讓步就是用對自己來說不是最重要的需求，去與對方做交換的過程**。

不過，在妥協和讓步過程中，我們需要遵循兩個原則。

1. 不做單方面讓步

所謂單方面讓步，就是對方沒有提出具體要求，我們就

主動調整策略或降價。比如，我們開始時對產品或服務的報價是一百元，對方還沒殺價，我們就主動為對方打九折，這就是不理智的。除非我們的產品或服務在辦活動，對方也明確知道，這時我們可以主動提出為對方打折，而實際上我們可以給到更多折扣，比如七折。但是，如果對方沒有要求打七折，我們也不要主動、單方面地做出讓步。

同時我們還要注意，就是我們做出了讓步，也要讓對方做出讓步。比如，我們在為客戶打九折時，對方覺得價格還是高，想要八折。這時，我們就可以說：「八折也可以，那您就買兩件吧。」、「八折就是會員價了，要不您辦張會員卡吧。」總之，要讓對方給到一個交換條件，我們才能做出更進一步的讓步。

2. 讓步幅度要越來越小

在溝通中，如果要做出讓步，也要使讓步幅度越來越小才行，這也是符合心理學和行銷學的基本原則的。

道理很簡單。假如我們的一款產品售價是一千元，對方還價，我們答應了，給對方便宜了一百元，但對方還嫌貴，那我們可以再便宜五十元；對方仍然不肯罷休，那我們就再便宜十元……這就是一個遞減幅度的讓步。反之，如果一

開始我們出價一千元，對方還價，我們便宜了五十元，對方繼續還價，我們一下子又便宜了一百元，這就會導致一種情況：對方一還價，我們讓價幅度就增大，那麼對方就會一直還價而不願成交，因為他覺得還可以拿到更大的優惠。

因此，在溝通一件事時，儘管這件事是有調整空間的，我們也要先想好，如果對方提出改變條件的要求，我們要如何應對。但必須遵循一個規則，就是後退幅度是由大到小，而不是由小到大的。提前做好這個設計，在實際溝通中才有可能以雙方都滿意的條件促進成交。

▦ 「如果」是個神奇咒語

很多溝通高手和談判專家都會用到一個神奇的詞：「如果」，這個詞往往代表了一種新的可能性。

假如我們要採購一款產品，跟對方進行了溝通，但在談價格時沒談妥，雙方陷入僵局。這時，我們就可以用「如果」來試著打破僵局。比如，我們跟對方說：「如果我們將交易改變一下，我不只採購你們這一款產品，而是採購三款產品，這樣你們給出的價格是不是可以更低？」、「如果我們今年採購量較低，但明年我們會把採購量提高

到一個非常高的水準，那我們現在可不可以從一個低價先
開始試試？」

一旦有了「如果」，大家就會開始尋找新的解決方案，
也有可能創造出新的價值。所以，在溝通不順暢時，我們不
妨試一試「如果」。

溝通之所以能夠發生、推進，並能夠談出結果，就是因
為雙方擁有共同利益。因此，在溝通陷入僵局時，一定要將
共同利益擺出來，並在尋找達成雙方共同利益的方向上不遺
餘力地努力。同時，我們也不要總盯著你少一塊、我多一塊
的思維，而是善於用「如果」的思維，嘗試著把整個蛋糕做
大，增加整體利益，創造新的共同價值，才有可能最終走出
溝通的僵局。

壓力對話：如果對手是「川普」

所謂壓力對話，主要指溝通對象的風格十分激進，有的具有攻擊性，有的不可捉摸，有的談話甚至明顯帶有不尊重人的語氣。此外，如果溝通的事情本身很複雜，或者時間很緊迫，同樣會讓我們產生壓力。

對於有壓力的對話，例如對方比較激進、有攻擊性，有人認為，自己只要跟他硬碰硬就行了，他怎麼對我，我就怎樣對他，以眼還眼，以牙還牙；還有人認為，我就保持自己溫和的風格，不管對方怎麼對我，我都要保持教養，甚至可以多讓著對方一些，用我的方式感動對方，讓對方明白自己的溝通方式是不對的。

無論是以眼還眼、以牙還牙，還是始終溫和以對，我們都不要忘記溝通的最終目標，就是要獲得利益和滿足需求。以上兩種方式，經過實踐檢驗後證明都是不太可行的。接下來，我們就假設自己的對手是川普，我們要與川普進行一次溝通或一場商務談判，這時，我們需要做好哪些準備，以及如何識別戰術，應對對方侵略性或進攻性的話語。

應對的原則

面對攻擊性很強的溝通對象，我們首先要弄清楚，對方是什麼人、用什麼樣的方式跟我們溝通，這些都不重要。我們要做的只有一件事，就是解決眼前的問題，獲取屬於自己的利益，滿足自己的需求。

如果我們跟對方溝通一件事情時，對方跟我們吹鬍子瞪眼，拍桌子大呼小叫，情緒非常激動，甚至要對我們進行人身攻擊，這時我們該怎麼應對呢？

有些人覺得，他對我喊，我也對他喊，他敢拍桌子，我也拍回去；還有人覺得，我不跟他一般見識，我直接離開，不跟他談了。這些應對方法可能讓我們當時消氣了，卻不能有效解決問題，更不可能拿到屬於自己的那份利益。當然，也有人認為，我不管對方是什麼人，我就好好跟他談，告訴他大吼大叫是不對的、沒有修養的，我們應該坐下來好好解決問題。這種方式看似不錯，其實仍然無效，對方反而可能認為我們軟弱好欺。

要有效應對攻擊型溝通對象，我在這裡分享一個總原則，就是：我看著你表演，表演完後我們再談事情。

很多時候，對方表現誇張，甚至出現攻擊性行為，一般有兩個原因：一種就是他故意的，比如，川普會故意做出一

副誇張的樣子來；另一種就是這個人的行事風格便是如此，這可能與他的成長經歷、家庭環境，或者曾經遇到的困境有關，比如一些特殊的成長經歷導致他的情緒不是很穩定。但**這些情況都與我們無關，我們只是來溝通問題的**。遇到以上情況，我們就讓對方盡情表演，表演完後，再繼續與對方談問題。

這種原則不但可以在工作中使用，在家庭關係、戀愛關係、親密關係中也都可以使用。比如在家庭中，如果一方特別不講理、特別有攻擊性，甚至利用親人關係、親密關係等去壓迫另一方時，另一方的應對方法就是不要跟著他（她）的情緒走，既不拂袖而去，也不跟他（她）爭吵。如果雙方之間真的存在問題，就等對方的激烈情緒緩解後再溝通和解決問題。

這種溝通方式其實是很強硬的，雖然我們不跟對方拍桌子大吼大叫，也不跟對方硬碰硬，但不管對方如何表演，我們都始終堅持自己的溝通目標和追求。對方的態度絲毫不能動搖我們解決問題的態度和行事方式，所以，我們才是溝通關係中的主角。在這種強硬態度下，最後反而是對方先動搖，因為對方發現自己動搖不了我們，而且我們的強硬態度還有理有據。我們的依據就是彼此間的利益和需求。倒是對

方那種狂風暴雨式的強硬態度缺少根基和依據，只能堅持一時，不能持續長久。相比之下，我們顯然是贏家。

需要注意的是，面對對手給予我們的壓力，我們不卑也不跑，這是一個高水準溝通者的態度和方式。不過，不卑不跑不代表我們不能暫停這場溝通，如果對方情緒過於激動，我們也可以要求暫且休息一下，出去買杯咖啡，或者運用有些書上講的「陽台策略」，表示出去透透氣。這些行為都表示我們不接受對方的態度，因此暫時停止溝通，但我們並沒有把這場溝通畫上句號，而是等對方情緒平靜下來後再坐回來繼續溝通。

威脅和虛張聲勢

在溝通對話過程中，喜歡向對方施壓的攻擊型溝通者，最常見的溝通方式就是威脅和虛張聲勢。面對這兩種場景時，我們也要區別對待。

1. 用周旋和拖延應對威脅

在溝通場景中，有些人動不動就威脅別人：「如果你不⋯⋯我就把你⋯⋯」其實在大多數情況下，這種威脅沒什麼實際意義，也並不能真的震懾住對方。退一步來說，就算

真的能鎮住對方，對方不得不接受一個非常不願意接受的結果，屈從於威脅的一方，威脅的一方也可能從中得到一些實質利益，但關係利益卻因此而被破壞了。一旦關係利益被破壞，雙方溝通達成的成果和未來執行就會面臨巨大風險。一旦對方有了其他更好的選擇，這個在威脅之下簽訂的「城下之盟」就很有可能作廢，因為對方認為這是個不平等條約，現在終於有機會將其廢除了，對方也一定會毫不猶豫地將其廢除。所以，在溝通過程中，威脅別人不是一種好的方式，最好不要使用。當然，我們不使用威脅手段，不代表別人不使用。別人對我們發起的攻擊和威脅一般分兩種情況。

第一種情況，對方發起了一個與他要求的利益完全不相稱的威脅，或者他說了一個我們完全不在意的後果。比如，我的一位朋友愛吃火鍋，他有個小孩，每次他不讓小孩看動畫片時，小孩就威脅他說：「你不讓我看動畫片，我以後就再也不讓你吃火鍋了。」這就是不相稱的威脅，根本影響不到我們，我們一笑置之就可以了。

第二種情況，對方提出的威脅確實很關鍵、很重要。比如，在和一個劫持了人質的暴力分子對峙時，警方就處於一個非常不利的地位。這時，警方不能直接向對方妥協，但也不能與對方硬碰硬，一個更有效的應對方法就是拖延和周

旋，先穩住暴力分子，以拖待變。比如多問暴力分子幾個問題：你為什麼這麼做？你家裡還有沒有其他人？你想見什麼人，我們替你找來？你還有什麼要求，儘管提出來？等等。

在生活和工作中，我們如果也被別人威脅，處於不利地位，但又想避免最壞的結果出現，同樣可以用這種方式應對。比如，一個客戶沒好氣地對我們說，如果我們不把產品價格降到一定水準，或者不承諾獨家向他供貨，他就不跟我們簽合約，不採購我們的產品。這時，我們先不要著急，不能馬上向對方妥協，但也不要跟對方據理力爭，而是跟對方周旋和拖延。比如，我們可以平靜地詢問對方為什麼提出這樣的要求，是否有其他因素導致他這樣做。如果對方態度依舊，我們也可以說：「如果今天您一直這麼激動，那我們就先暫停溝通，下週我再約您吧。」在這一週裡可能會發生一些其他事情，使情況出現轉機。

2. 用回到問題本身應對虛張聲勢

有些人很喜歡在溝通中虛張聲勢，想透過這種方式給別人一種假象，致使對方信以為真，使最終結果有利於自己。它也分為兩種情況，一種是外表的虛張聲勢，另一種是在溝通條件上虛張聲勢。

外表的虛張聲勢不難理解，就是用特別好的辦公環境，或者是名車、名牌服裝、名錶等提升自己的身價，「鎮」別人一下。現在很多公司都會選擇在比較高檔的場所辦公，有些公司還會設計一個很寬敞、很高級的接待處，為什麼要這樣做？目的就是要顯示自己的業務做得很好，是個非常有實力的公司。還有些人會用各種奢華的東西裝飾自己，展現自己的優勢，想用氣場壓制對方。

在與對方溝通談判時，我們不要被這些外在的虛張聲勢嚇到，否則對方的目的就達到了。我們要直接面對需要解決的問題，忽視這些外在事物的影響。記住，這些外在的東西與我們具體要溝通的問題沒有任何關係，因此也根本沒必要去關注它。

溝通條件上的虛張聲勢，就是故意提出一些很高的條件，或者提供一些真實與虛假摻雜的資訊，讓人覺得遙不可及，很難與對方達成一致。最後即使對方適當降低了條件，彼此達成了一致，我們可能也會在那個相當高的開價比較之下，覺得這個交易很值得。這就是川普經常講的一種策略，也是行銷學與心理學上常用的一種手段。

以上兩種虛張聲勢的行為，是那些主張壓力溝通、激進談判的人常用的溝通策略。我們要提前將其識別出來，並做

好心理準備，一旦遇到，不要輕易被對方誘導。忽略這些表面問題，回到我們既有的策略和戰術之上，回到我們的利益和需求上來，時刻圍繞這個重點來跟對方溝通，才更容易拿到滿意的結果。

川普的戰術

川普寫過一本書，叫《交易的藝術》（*Trump: The Art of the Deal*），講的主要是他的溝通和談判理念。書中有這樣幾個理念，我們在此分析一下。

1.「開價」要高

川普常說在溝通中一定要「敢開高價」（think big），讓對方覺得這個交易不易達成。這樣，等自己稍微降價或做出讓步後，對方就會趕緊抓住機會成交。如此一來，自己的目的就達到了。這種極端的開高價方式就是個虛假的錨點，目的就是讓對方上鉤，主動答應對方開出之較高的條件。

2. 向對方展示強大的最佳替代方案

在溝通談判時，川普經常會做出一副無所謂的樣子：這筆交易對我來說無所謂，能不能成交都沒關係，影響不了我

什麼。這就是在向別人展示自己具有非常強大的最佳替代方案。為什麼這個談判對我來說無所謂？因為我的最佳替代方案非常好，所以能不能跟你成交都沒關係。

實際上，在溝通談判中表現出無所謂的人，大部分時候都是假裝的。當然，不同的溝通對有些人來說很重要，對有些人來說可能沒那麼重要，但只要進入溝通環節，雙方就會有利益訴求和共同利益。所以，就算對方表現得無所謂，我們也不要被對方唬住，他其實並不是真的無所謂。

3. 故意做出瘋狂舉動，打亂對方節奏

川普在溝通談判中經常做出一些看似瘋狂的舉動。比如，他先提出一些看似不可能達成協議的條件，雙方就此展開談判，但在這個過程中，他會突然襲擊你一下，提出另外的條件，打亂原來的節奏，讓人一時難以招架。比如，雙方明明在談貿易問題，他突然間又提出關稅問題，甚至趁機將之前談好的內容推翻。這就是川普式談判慣用的打法。

之所以做出這些舉動，其實是想製造出一個假象，就是：我是不可捉摸的，你要討好我，順著我的節奏走。這也是溝通談判中戰術運用的一部分。

4. 不停地宣傳自己

　　川普在書中提到，一定要不停地宣傳自己，多上鏡，多刷存在感，讓別人對自己印象深刻。比如，他在競選美國總統時就一直在說，自己要在邊境建一座隔離牆，用來擋住非法移民。當時大家都覺得建隔離牆是不現實的，這個想法很瘋狂，但他不停地說、不停地強調，最後不管是支持他還是反對他的人都得出了一個結論：川普是最關心移民問題的政治家。

　　我們在工作中也經常遇到這樣的人，比如有的人不論是在會議室還是在談判桌上，都會反覆不停地強調一件事，甚至是比較離譜的事，為此還可能招來別人的謾罵，但他們根本不在乎。這就是想把自己樹立成一個在某些問題上最有發言權的人，以後誰提到這些問題都會看他一眼，或者考慮他的意見，這時他的目的就達到了。

　　以上這些川普式的溝通方式，我們在平時的溝通中也會經常遇到，有時可能還會覺得對方是在無理取鬧，但其實他們很清楚自己在幹什麼。在跟這類人溝通時，一旦我們被對方拿捏住了，情緒被對方壓制下來，他們就會很開心，最後我們也可能被對方帶入他們的節奏當中，喪失主動權。

　　面對以上這些壓力對話，我們不但要識別出對方的策

略，弄清對方背後的動機，還要準備好應對方案。有一個重要的回應方式就是做到有理、有利、有節，允許他表演，我們不要在意，也不要被他帶跑，而是耐心地等他表演夠了，再繼續回到我們的節奏中，該怎麼談就怎麼談，這樣才不會中了對方的圈套，被對方牽著鼻子走，而是讓溝通一直循著自己的思路和節奏進行。

情緒把控：
如何應對冰冷「機器人」和情緒炸裂者

　　溝通容易受到雙方情緒的影響，比如有人說，我沒有辦法跟有情緒的人溝通，一說話就非常激動，根本無法正常交流；還有人說，一旦對方非常不理性、不講理，我就很生氣、想發火。

　　每個人都有情緒，有時在溝通中也難免會被對方的情緒影響，或者因為某些原因控制不住自己的情緒，影響溝通順利進行。實際上，情緒是可以引導和掌控的，不論是對方的情緒還是我們自己的情緒，一旦發現它影響了溝通的正常推進，我們就要及時尋找情緒背後的真實原因，繼而找到恰當的應對方法和角度，把溝通對話重新拉回到樂觀耐心的正軌上來。

▓ 對話的開始是識別情緒的良機

　　在不同的溝通場景中，情緒產生的點和表現方式是不一樣的。比如在生活場景中，戀人之間、朋友之間、家人之間

等的溝通關係經常有很多情感因素，人與人之間有特定的情感連結時，往往更容易產生情緒。而在工作場景中，由於大家談論更多的是工作，彼此間特定的情感連結沒那麼重，所以即使產生情緒，也只是由溝通內容或溝通方式所引發，並不會基於彼此間關係本身引發情緒。

不過，無論是生活中親密關係之間的溝通還是工作中的溝通，當有情緒出現時，我們的首要原則都是有效應對情緒。如果是對方產生了情緒，我們就用自己的同理心理解他的情緒，然後再說需要溝通的事情。簡單來說，就是**先處理情緒，再處理問題**。

有些溝通在剛開始時，雙方是沒什麼情緒的，都是比較理性地談問題，但有些溝通卻是一開始就帶著情緒的，如果不能先處理好情緒，後面的溝通就會很難推進。所以，溝通一開場（一般在開始的五到十分鐘裡）是我們識別情緒一個很重要的時間段，我們能不能捕捉到這場溝通中的情緒是非常重要的。

在不同場合，溝通開場也是不一樣的。比如在親密關係中，兩人說話聊天，剛開始說的可能都是些生活瑣事，而不會一開始就進入重要話題，之後說著說著，才會逐漸意識到某個問題，然後出現一些情緒。所謂的關鍵性溝通就是在這

個時候形成的，兩個人也容易在這個時候開始帶著情緒進行溝通。

在工作場合，無論是開會、談判還是跟客戶溝通，大家坐下來一般會先寒暄幾句，寒暄內容和時長取決於雙方的關係、熟識程度和文化環境等，比如中國人坐在一起總會先聊幾句再進入正題，而德國人和很多從事商業的美國人就不太寒暄，坐下後很快進入正題。

事實上，開始的寒暄也可以透露出一些情緒訊息，這是我們感受情緒一個較好的機會。如果我們和對方見面後，想跟對方寒暄幾句，卻發現對方根本不接我們的話，一上來就說正事，那麼對方可能是帶著一定情緒的。他覺得自己跟你沒那麼熟，也不想跟你聊天寒暄，就是要跟你談正事。這時情緒就很明確，我們也可以感受得到，但我們也不必太把對方的情緒放在心上，因為我們的基本核心理念也是談事情，只要對方能坐下來跟我們認真談就可以了。這裡有一點要注意，對方既然帶有情緒，那麼溝通過程中的某個問題就可能成為引發對方情緒的導火線。為此，我們也要提前做好應對準備。

在多方參與或團隊參與的溝通中，一開始可能會有各式各樣的情緒交織其中，這時大家都需要一點時間處理情緒，

等情緒平復後，各方再進入溝通的主基調中。

在一個多方會談的場合，大家一起走進會場，結果發現，兩邊溝通的主要負責人互相並不認識，但雙方的律師、會計師等都是熟人，一起做過專案。這時，熟悉的人很容易熱絡起來，而帶隊的負責人反倒被晾在一邊。不過，只有當雙方負責人開始談事情了，溝通才能算進入主基調。

再比如，各方陸續進場後，一方團隊中的律師發現對方團隊中有自己的同學，於是兩方律師便很熱絡地聊了起來。然而等談判開始後，雙方的代表就非常不客氣地開始互相指責，這時，剛剛進入會場還很熱情聊天的兩個律師就感覺有些尷尬，才明白雙方的關係原來並不友好，這就使他們剛才熱絡的寒暄顯得不太合時宜。

所以，想要讓溝通比較順利地推進，一開始時就要識別對方的情緒，看看對方情緒是好還是壞。如果發現對方情緒不錯，可以適當寒暄一下，讓彼此關係更融洽一些，後面的溝通也會比較容易進行；如果覺得對方不太友好，甚至是來者不善，那就盡量減少寒暄，直接進入溝通主題。

▓ 對方情緒的處理

在日常生活和工作中，我們會遇到各式各樣的情緒問題。比如，親友之間因為某個問題溝通不順暢，就可能出現生氣、傷心、憤怒、激動等情緒；在工作場合中，上下級之間、同事之間等也容易出現生氣、憤怒等情緒。這些都是不可避免的。

不過，每個人表達情緒的方式不同，有的人會面沉似水地生悶氣，有的人則會以大聲喊叫來表達憤怒。但不論哪種情況，一旦對方表現出明顯或激烈的情緒時，我們就不要迎著對方的情緒，跟對方硬碰硬，或者跟對方講道理，指責對方不應該有情緒。要知道，人在氣頭上是很難接受別人的意見的，這樣只會令情緒升級，不利於解決問題。

此時，恰當的處理方式應該是允許對方表達情緒，因為發洩情緒的過程本身也是在緩解情緒對自己的控制。而且對方在發洩情緒時，我們也可以從中找到他生氣、憤怒、不滿的原因，比如可能是他的利益、需求等被忽略或否定了。這樣，等對方發洩完，情緒平穩下來後，我們就能針對對方真正關切的內容進行耐心溝通了。

▒▒ 分辨情緒的類型

　　溝通過程中出現的情緒一般分為三種情況：第一種情況是對方真的有情緒，真的很生氣、很憤怒；第二種情況是對方故意演給我們看，用生氣、憤怒、不滿等情緒對我們施壓，迫使我們向他的條件妥協；第三種情況是對方就是個情緒容易波動的人，跟誰說話都這樣。

　　那麼，面對以上三種情況，我們要如何應對呢？對於第一種情況，我們不妨換位思考一下：在當前的場景下，如果我是他，我會像他這樣生氣嗎？如果我們的回答是「會」，那說明對方真的有了不好的情緒，他的利益或需求也許真的被忽略或否定了。接下來，我們就從這裡著手開始溝通。

　　相反地，如果我們的回答是「不會」，那我們就可以運用面對第二種情況的方法。

　　對於第二種情況，我們可以觀察一下，對方是不是在表演。如果是，我們就看著他表演，表演完後，再繼續回到溝通正軌上；如果不是，我們就運用面對第三種情況的方法。

　　對於第三種情況，我們可以判斷一下，對方是不是就習慣這樣表達，他對別人是不是也這樣，而不僅僅是針對我們。如果是這樣，我們就只能讓自己習慣對方的這種表達方式了。

在多數情況下，以上三個層次的問題穩下來後，我們大概就能明白對方產生情緒的原因到底是什麼了。當然，為了弄得更清楚，我們也可以順著對方的情緒問幾個問題。

針對第一種情況，我們可以問：「您剛才那麼生氣，現在有什麼想做的嗎？」、「您是想休息一下喝杯咖啡，還是先去吃點東西，回來再接著談呢？」

針對第二種情況，我們可以這樣問：「您有什麼是希望我們做的嗎？」、「我們能做些什麼，讓您從剛才那種不好的情緒中走出來呢？」

針對第三種情況，我們可以問：「剛才讓您生氣的這件事可以過去了嗎？」、「我們現在來說說怎樣讓剛才這頁翻過去，我們繼續談下面的問題吧！」、「您覺得還有什麼需要澄清或說明的嗎？或者您還有想要表達的嗎？」

雖然對方此刻可能正處於不好的情緒中，但聽到我們真誠的詢問和關心，情緒也會逐漸平穩下來，之後也會配合我們繼續下一步的溝通。

▓ 勸解的方式

在一些溝通場景中，如果溝通雙方因為某個問題產生了較大的情緒，我們可能會作為第三方去勸解。這時需要注

意，我們完全是出於好心去勸解雙方，如果方式不對，不但不能平息雙方的情緒，還可能引火焚身，使雙方的情緒都轉向我們，讓我們有口莫辯。

比如，甲和乙兩個人正因為某個問題鬧情緒，甲對著乙大發脾氣。這時，我們過來跟甲說：「你沒必要這樣發脾氣！」殊不知，這句話對甲來說就是在否定他，他也很可能會轉過來對著我們說：「你不在我的位置，怎麼知道我沒必要發脾氣？你懂什麼？」不僅如此，處於氣頭上的甲還可能認為我們在偏袒乙而不幫自己。我們明明是在勸解，最後反倒惹怒了甲。

那要怎麼勸解呢？就用上面提到的方法，我們先分辨一下情緒的類型。首先，我們把自己代入甲的位置，問問自己：「如果我是甲，對這件事會有很大的情緒嗎？」其次，仔細觀察一下，看看甲是不是在故意表演。最後，評價一下甲這個人，他平時都是用這種方式表達的嗎？

弄清以上三個問題後，我們就會找到甲真正的情緒來源。這時，如果我們還想勸解，不妨等兩個人的情緒平復之後，再運用化解三種情況的相關問題去解決雙方情緒上的衝突，而不要在雙方情緒都處於最激烈的狀態時直接去勸解，這是無法幫助雙方緩解情緒的，也勸不住雙方爭吵。

▓ 自己的情緒

在關鍵性溝通中，除了要關注對方或其他參與方的情緒，我們還要關注自己的情緒，有時我們自己的情緒可能更複雜。對方的情緒不管是微妙的還是激烈的，只有表現出來，我們才能感知，而我們的情緒是時時刻刻被感知的，想要把它理順、放平穩，往往更困難。

前文說過，在情緒問題上，我們要升級自己的「雷達系統」，將只照向自己的「1.0 版天然情緒雷達系統」升級為掃描對方的「6.0 版感知雷達系統」，但這並不是說將自己的「雷達」向外掃描後，自己的情緒就不存在了。我們的情緒依然存在，只是不再把全部精力都用來關注自己的情緒而已。我們都是從靠本能反應的自然溝通者慢慢成長為溝通高手的，在這個過程中，控制好自己的情緒非常重要。

在這裡，你可以總結一下生活和工作中容易引起自己情緒爆發的點，然後列一份情緒清單，對照這個清單去了解自己在哪些時候最容易情緒崩潰。我就為自己列過一份溝通中的情緒清單。

首先，我最不喜歡的就是明明已經有結論的事情還要拿出來反覆說。有幾次開會和談判，都是因為這樣的事讓我很生氣，導致我說話不太客氣。其實這樣的事還有很多，比如

某個人明明已經同意了一個觀點，但一轉眼就改變了主意，然後再把這件事拿出來討論，再提一個觀點。但後來我也意識到，別人有權利改變主意，我不能阻止人家，所以我提醒自己要注意這方面的情緒問題。

其次，我不喜歡說話傲慢、頤指氣使、嚴重以自我為中心的溝通方式。遇到這樣的人，我就會反駁幾句，以其人之道還治其人之身，但事後想想又覺得沒必要。

當我列出自己的情緒清單後，我就知道自己在以上兩點容易產生不良情緒，所以每次溝通之前，我都會先想一下，如果有人翻來覆去地談一個問題，我可以直接告訴對方，不要浪費時間再談同一個問題，我也告訴自己，不要跟對方發脾氣。如果溝通者說話傲慢、態度不好，那就看著他演戲，我們不能改變他，就任由他演下去，等他演完了，我們再繼續溝通，但沒必要跟對方發脾氣。

當然，要控制好自己的情緒，平時也需要多加訓練。在這個過程中，我們還要明白一點，就是不要把情緒當成純負面的東西，它也有很多積極因素，主要包括以下幾個方面。

1. 將壓力變為動力

當我們在溝通中感覺到情緒壓力時，不要把這種壓力變成沮喪，而要將其變成一種動力，讓這種情緒促使我們提前準備，仔細收集資訊，做好溝通備案和策略安排。

2. 為關鍵性溝通助力

當我們有情緒並用適當的方式表達情緒時，其實可以為我們這次關鍵性溝通增加色彩和助力。

比如，對方沒有認真看我們的方案，就草率地下結論說：「我認為你的方案缺少誠意。」這句話可能會讓我們感到很委屈、很生氣，那麼此時我們就可以回應對方：「您的話讓我們非常難過、非常委屈，我們大老遠跑來跟您溝通這個問題，就是帶著誠意來的。」用這種情緒表達自己，既可以把對方說得不合宜的地方用自己的感受描述出來，也能讓對方察覺我們的態度和情緒。好的表達就是觀察加感受，再加上具體要求，所以這時我們要表達自己的感受，而不是評判對方的言論。比如，說對方這樣說太武斷、沒道理，這就是在評判對方，是不合適的；而我們說對方的話讓我們難過、委屈，就是在表達自己的感受，這就是恰當的，可以促使對方重視與我們的溝通，認真看我們的方案。

3. 增加彼此間的親切感

良好的關鍵性溝通既要有權威感，又要有親切感。我們說一句話能得到對方的認同，一方面在於我們的話說得有道理、權威，另一方面則在於我們不招人反感，讓人感覺親切，願意親近，覺得彼此是相同或相似的人。觀點和想法相似的人之間最容易說服彼此，也最容易讓對方接受。

要增加彼此間的親切感有個小訣竅，就是適當地表達自己的小情緒或小弱點。比如，我們在跟一些客戶溝通談判時，有些很善於溝通的對方代表在見到我們時就會說：「我都沒怎麼跟律師說過話，一坐在律師對面就感覺緊張心慌！」你看，他藉由放低自己的姿態，暴露一下自己的弱點和情緒，既尊重了對方，又增加了親切感。還有的人會說：「您可別催我，我這人一被催就慌，一慌我就要掉眼淚。」這也是在用小情緒增加親切感，拉近雙方的距離。

如果我們總是高高在上，一副拒人千里之外的樣子，對溝通是沒什麼好處的，只會增加別人的反感。稍微有點小情緒，或者運用自嘲、幽默等方式恰當地表達出自己的一些小缺點，反而更利於溝通的順利推進。當然，暴露小情緒、小缺點也要適可而止，不要總把自己的情緒暴露在整個溝通現場，那樣就適得其反了。

文化差異：無聲的語言也可以很有力量

關於溝通中的文化差異，不同的人有不同的觀點。比如，有些人主張忽略溝通中的文化差異，在他們看來，不管你是誰、文化水準怎麼樣，我只跟你溝通主要問題；還有些人認為，與文化背景不同的人溝通是一件很難把握的事，對方怎麼想的、想要表達的是什麼，自己都把握不住。

以上兩種觀點都比較極端，也都不是恰當的處理不同文化背景下溝通的方式。我們不能忽略其他人的不同文化背景，因為文化最終表現出來的就是行為舉止、思維方式等，這些都是溝通中非常重要的因素。同樣地，我們也不要覺得文化差異是一個特別難參透的事，因為它是有辦法進行分析和理解的。只要我們掌握的方法科學恰當，就可以找到並掌握剖開文化談利益的基本方法和思路。

接下來的內容，就是讓我們走出文化差異的迷霧，學會與不同文化背景的人順利溝通，並使溝通最終回到利益調整、滿足需求的根本理念上來。

▓ 待人接物

文化差異具有很多明顯的觀察點，通常我們一眼就能

看出來，就像在京劇《大登殿》中，番邦的代戰公主唱的那樣：「他國我國不一般。」這就是代戰公主對於國家之間具有明顯文化差異的一種觀察體會，「他國」人穿的是綾羅緞，「我國」人穿的是羊毛氈，這種服飾上的不同體現的就是文化差異。

我們在溝通過程中也要多觀察體會不同對手間的文化差異，其中一個關鍵點就是從待人接物的角度進行觀察。一般來說，不同國家、不同民族在待人接物上的差異主要表現在以下幾個方面。

1. 問候問好

國際上問候問好通行的方式就是握手，有一些國家也會用鞠躬的方式表達問候，如日本、韓國等，不僅見面時會鞠躬，告別時也會鞠躬。我之前曾看到我們幾個做日本業務的合夥人，在送幾個日本客戶上電梯準備離開時，日本客戶就圍著電梯間站成一圈，與我們的合夥人互相鞠躬，鞠躬完成後才上電梯離開。這就是不同文化禮儀的表現。

還有一些國家，在待人接物時會以貼臉、親吻的方式表達友好。不過，貼臉、親吻也有特別的講究，有貼臉方向不同的，也有親吻次數不同的。

　　當然，面對來自不同國家、不同文化背景下的溝通對象時，我們可能一時間不知道如何與對方表達友好，這也沒關係，只要多學習、多請教、多練習就會了。我在國際律師組織 Multilaw Academy 上課期間，經常會與來自不同國家的年輕律師進行交流，詢問一下他們國家的人都是如何行禮、如何表達友好的，大家在一起交流得很熱烈。所以，這種請教就不失禮。但是，如果我們想當然地用自己的方式去與對方打招呼，反而可能容易冒犯別人。

2. 正式的程度

　　正式的程度也是一個重要的文化表徵，比如過去大家第一次見面時會互發名片，現在很少發名片了，見面通常會加通訊軟體好友。以前發名片時，有的人會把自己的名片雙手遞給對方，對方給我們名片時，我們也會非常有禮貌地接過來收好。但美國人在發名片時就很隨意，他們會拿出幾張名片用手捻一下，然後放在桌子上再用手一划，就像拉斯維加斯賭場裡發牌人員發牌一樣，把自己的名片發出去。他們不會覺得名片上有自己的名字，發的時候就要端莊尊重一些。同樣地，我們把自己的名片遞給他們時，他們也是隨便一放，有時可能還要在上面備註幾句，便於自己記憶。這就是

不同文化背景下的人對待名片的正式程度不同。

3. 對身體接觸的態度

在不同國家、不同文化背景下，人們對待身體接觸的態度也是不同的。有的文化中，兩個人可以互相觸碰，甚至勾肩搭背都可以，但有的文化就很忌諱身體接觸，哪怕距離稍微近一些都感覺不適。

4. 眼神接觸

我們看人說話時，比較禮貌的方式通常是注視對方眼睛至嘴巴的「三角區」，這個區域也被稱為社交凝視區。但是，我的一些南美律師朋友說，在他們那裡，如果跟人說話時不緊盯著對方的眼睛，對方會認為我們走神了。

這就是在不同文化背景下溝通時眼神接觸的差異。

5. 情緒的表達

在有些國家裡，人們特別喜歡有情緒的表達。比如我們觀察義大利、拉丁美洲國家的人說話時就會發現，他們的手勢、語氣、表情等所表達出來的情緒都十分飽滿。

6. 對沉默的態度

不同文化背景的人,對於沉默的忍受程度也是不同的。比如,美國人就不喜歡在溝通過程中保持沉默,一旦溝通陷入沉默,他們就會顯得不知所措。而在我們東方文化中,大家好像並不太在意沉默,即使坐在一起一言不發,有時也不會覺得難受。

7. 身體語言

身體語言可以表達出很多內容,如緊張、擔心、放鬆、得意等。除此之外,手勢也是一種身體語言,有些人在說難聽的話時,就會對應著用上某種手勢。

8. 飲食方式

不同的文化背景,飲食方式也是不同的,當然中餐、西餐的吃法不同,這點大家都知道。此外還有一些其他細節,比如我們吃米飯時,會習慣一隻手端碗,一隻手拿著筷子來吃,而西餐中很少有端著碗吃飯的習慣。

此外,餐廳候位也有很多不同。我們去餐廳吃飯時基本上是看到空桌就直接坐下,需要帶位的餐廳屬於少數,而在有些國家,如英國、日本等,客人一定要站在門口等候帶

位，餐廳內的服務生會帶著客人去找座位。另外，稱呼服務生的方式也不一樣，在英國等歐洲國家，客人一般不會直接喊服務生，而是等著服務生主動來服務，客人直接舉手喊服務生是不禮貌的。

我有一位馬來西亞朋友，在英國當律師，他的爸爸是馬來西亞的一位外交官。他跟我說，每次他爸爸到英國看他，兩人一起去餐廳吃飯時，他都很緊張，因為他爸爸習慣用馬來西亞的方式舉手喊服務生，這讓他感覺很尷尬。

以上幾點是比較常見的不同文化背景下待人接物的差異，我們在溝通過程中，一定要把這些內容考慮進去。這既是一種禮儀，也是保證正式溝通可以順利進行的前提。

▦ 無聲的語言

在文化差異中，一些無聲的語言同樣可以表達出不同的涵義和情緒。有時候，在一種文化中我們很熟悉的事情，放在另一種文化中可能表達的意思就不一樣了，所以，我們不能想當然地認為自己這樣想、這樣說，別人也會如此，更不要以為別人會認同。想要跟不同文化背景的人實現順暢的溝通，就要用開放和尊重的心態去積極地觀察、了解，弄清對方是如何表達、如何辦事的。尤其是一些無聲的語言所表達

的涵義，更需要我們去觀察和了解。

　　通常情況下，至少有七對概念作為無聲的語言，是我們在不同文化環境下的溝通中可以使用到的。

1. 交易關注和關係關注

　　在需要溝通的情況下，有些人一見面馬上就能進入正式話題，有些人則更注重先建立良好關係，然後再順理成章地進入需要溝通的話題中。正因為如此，大家對於合約、白紙黑字等會有不同的態度。在西方的很多地方，大家制訂合約時，往往會把合約寫得非常詳細具體，而在東方，尤其在以前，大家簽的合約一般就是一頁紙、幾句話，雙方簽個字，就算是簽合約了。大家都有這種心態：我們關係好時，合約其實沒什麼用；關係不好時，合約也沒什麼用，約束不了什麼。這種不同的心態也造就了長短非常不同的合約。

　　芬蘭的一位律師朋友曾跟我說，芬蘭是個文化非常獨特的國家，在芬蘭文化中沒有談判這回事，基本上雙方見面直接開價提條件，並且全是實際價格，提完後對方覺得行就合作，不行就結束。很顯然，這就是一種只關注交易且不太關心關係的溝通風格。

2. 直接表達和間接表達

這對概念指的是溝通中表達方式的差異，有人喜歡直接表達自己的想法、觀點等，有人則更喜歡用婉轉的方式來表達。也有人將直接表達叫作低語境表達，將間接表達稱為高語境表達。

3. 謙虛和自誇

對於謙虛和自誇這兩種表現，在不同的文化和語境中，也有不同的評價方式。在很多國家，大家都認為謙虛是一種美德，比如韓國人在表達和溝通中通常都會很謙虛，韓國的律所在講自己的業績和業務能力時也比較謙虛。

一位在韓國一家大型律師事務所工作的中國律師，曾跟我分享他經歷過的一件事。當時這間律所曾向一家中國頗有名氣的大機構展示自己的業務能力，想拿到該公司一個很重要的案子。中國公司在跟這家韓國律所溝通時，就問他們：「你們覺得這件事難度怎麼樣？」結果韓國人回答說：「這件事難度非常大，但我們會盡全力。不過，也有不成功的可能，業務挑戰非常多。」這在韓國的表達方式裡是很恰當的，但在中國公司面前這樣表達就不太合適，因為中國公司會覺得韓國的這個律所業務能力不行，既然沒把握辦成，我

為什麼還要花錢聘你們呢？如果是中國的律所，可能就會這樣回答：「這件事雖然有難度，但我們能搞定。」至於是不是真的能搞定，那就另說了。

　　這就是由雙方之間文化差異引起的表達方式的不同。如果不能了解這種差異，可能就無法判斷出對方所要表達內容的準確性和真實性。

4. 個人主義和集體主義

　　我們在看好萊塢電影時會發現，美國文化很崇尚個人英雄主義，講究單打獨鬥，這就是他們處理問題的方式。中國文化更崇尚團隊精神，即使有一個英雄人物出現，一般也會有團隊、組織、領導者、同事等共同助力。這也是一種文化差異。

5. 對合約的尊重和不尊重

　　這一點既與關係、交易的文化傳統有關，也與是否具備可靠的司法系統有關。如果溝通雙方的合約寫得非常仔細，一旦後期雙方出現爭議，甚至鬧上法庭，法官就會嚴格按照這份合約去判決，這時雙方花時間把合約寫仔細就是有意義的。但如果法官並不看重合約，只按照自己的思路去判決，

在這樣的司法系統下，就不會出現很複雜和具體的合約，因為合約沒有太大的法律效力。

是否尊重合約，也就是我們常說的是否有契約精神。我們經常看到一些案例，明明合約都履行完了，價錢也談好了，但一方會返回來繼續還價。還有個笑話說，你跟對方都簽完合約了，對方才正式開始跟你談判。

我有一位在國際公司工作的朋友，他們曾讓一家大型企業做一項工程，工程報價和各種細則在合約中都寫得十分清楚明確。工程完成後，他們發了一份帳單給對方，對方企業突然邀請他們過去開會談一談。他們感到很奇怪，明明各項細節在合約裡都寫得清清楚楚，還有什麼要談呢？抱著忐忑的心情，他們來到對方企業，結果被告知：合約只是參考，價錢還要重新談。這就是缺乏契約精神，更是完全不尊重合約的法律效力。

6. 確定性和不確定性

在溝通過程中，我們無法追求完全的確定性，因為生活本身就充滿了不確定性，但在不同的文化環境裡，尤其是在不同的商業環境裡，確定性和不確定性具有非常大的差距。

律師在做跨境投資專案的時候，可以非常明確地感受

到，不同國家和地區的法律與投資規範的確定性是有很大差距的。有些市場經濟已經發展較長時間的國家和地區，確定性較高，一定的規則已經持續運行了多年，有許多現成的案例可以參考。另外一些國家和地區，特別是新興市場國家或者政治經濟變化比較大的國家，規則建立並不完備，也沒有什麼先例可以參考，很多事情要試著做，甚至要有所突破，這樣的地方的確定性就低。

但是確定性不見得就一定好，不確定性也不見得一定不好。往往缺乏確定性的地方，是市場機會比較好的地方。確定性高當然是一種優點，但是也意味著這個市場比較成熟，對於後進者機會不多。

7. 守時和不守時

在不同的文化環境中，對於時間的守時情況也會表現出一定的不同。

我們做律師培訓時，經常會做一些公益活動。有一次，我們在英國培訓，培訓前發了郵件給學員，詢問學員誰想去參加公益活動。公益活動是前往一所殘障小學，幫助學校維修和粉刷課桌等，因為學校需要接待，所以要

事先統計好人數。在郵件裡，我們設定了一個報名截止時間。等到要去學校這天，我發現有一位芬蘭的律師沒去，我就問他為什麼沒去，他告訴我，等他看到郵件時，報名時間已經截止了，自己就沒報名。但是，另外一位葡萄牙的律師跟我說，他就是在截止時間之後報名的，我們也把他加上了，他也參加了活動。

　　從這個案例就可以看出，不同文化背景的人，對於「截止時間」這個概念的理解是很不一樣的。芬蘭人對時間規範卡得很嚴格，你給我一個截止時間，時間一過，我就不報名了；而葡萄牙人覺得，這個時間並不重要，就算時間過了，我還是想報名。

　　時間的文化維度既有守時與否，也有對於私人時間的尊重，還有對於所謂「最後期限」的理解等，我們在溝通過程中一定要認真注意這幾個角度。

　　以上七對概念可以幫助我們在溝通中觀察無聲的語言，從而保證在不同文化背景下更加順暢地進行溝通交流。

▓ 文化差異的誤區

　　作為一種不夠具體的事物，文化差異是比較難把握的。

它一般存在於人們日常的待人接物過程中，有時只是一閃而過，如果我們沒有及時捕捉到，就難以準確地把握，即使事後總結出來了，也已過了當時的情境。這就需要我們平時多訓練自己對文化差異的敏感度，多觀察，多思考，多總結，以便可以在溝通中更加及時準確地分析和解釋與我們文化不同的對話者的真實利益和需求。

　　需要注意的是，關於文化差異問題有兩個重要誤區，我們在溝通時要盡可能避免。

第一個誤區：
個人的行為和言談舉止不一定屬於文化問題

　　前文我們說過，川普的表達方式很具個人風格，但他的風格不能代表美國文化。在美國文化中，雖然有很多與川普相似的人，但也不能將這些人完全歸為文化代表者。我們在與美國人打交道時，如果預期對方都是川普式的溝通風格，那就走入了刻板印象的誤區。在美國，不喜歡川普、不認同他的表達方式的也大有人在。還有一些朋友跟我說，他們遇到的某些行業內的溝通對象特別沒有文明素養，甚至在談判桌上出言不遜，為此，他們就總結出來說：這個行業中的人都是文化素養很差的人。這也是一種武斷式的結論，將某些

人的不文明行為當成了一種文化現象，其實兩者是不能畫等號的。

文化是一個集合，如果一群人裡很多人都這樣行事，那也許是一種文化。比如有些所謂大廠，我在跟這些大廠代表打交道時，他們經常說的一句話就是「我們這麼大的公司怎樣怎樣」，這就形成了他們的一種文化。

第二個誤區：
不要把文化差異的分析和辨析當成溝通的終點

我們之所以研究和分析文化的差異，目的是要超越這種差異。文化差異就像一層面紗，我們要揭開它；它又像是一團迷霧，我們要吹散它。我們在揭開它、吹散它之後，看到的就是具體的利益和需求，從而最終回到溝通的核心理念上來。文化就像是一面放大鏡或哈哈鏡，把溝通雙方所要表達的根本利益和需求變形了。如果不能意識到彼此間的文化差異，只按其表現出來的樣子去理解，那就曲解了真實的利益和需求，溝通也很難順利推進。所以，我們還是要將它還原，使其在平光鏡下呈現出最基本的樣子來。

我經常跟做跨境併購、跨境爭議解決的律師同事講，我們的工作核心是翻譯，但這個翻譯並不是簡單的語言翻譯，

而是文化的**翻譯**。我們要把各方之間真正的利益和需求**翻譯**出來，也就是將不同語言、不同文化所包裹的各式各樣的表達挖掘出來，非常質樸地將核心點挖掘出來，然後調整利益，滿足需求，使雙方順利達成一致。所以，律師的工作就是用全世界法律人（包括律師和法官）都看得懂的合約語言，將合約內容用白紙黑字寫下來，用沒有文化裝扮和裝飾的語言將其寫下來。當我們把寫好的文件或合約拿到任何一個法官面前，他都能準確地看懂、理解，這才是我們的核心工作內容，也是我們在關鍵性溝通中所要具備的核心本領。

陷阱和誤區：破解「髒招」，遠離雷區

我們的工作和生活時刻離不開溝通，有了溝通，我們才能解決各式各樣的難題，跟各式各樣的人達成一致或實現交易。但是在溝通中，總有些人會不擇手段地採取一些不太光彩的方式，不能光明正大地進行溝通，其中可能有謊言、欺詐，也可能會在背後搞一些小動作。對於這些行為，我們是完全不提倡的，這不僅僅涉及道德問題，還會傷害到我們的利益，尤其是傷害到關係利益。一旦關係利益被損害，實質利益就會不可避免地受到損害，甚至最後什麼都得不到。

不過，我們不提倡這些行為，不代表我們不需要了解它們。我們畢竟不是生活在一個完美社會裡，即使我們不用，也不代表別人不用。只有學會識破它，才能找到應對方法，從而更好地展現自己的能力，維護自己的利益。

接著，我們一起來識別一下溝通中的那些「髒招」、壞招以及常見的設陷阱方式，同時也看看如何有效應對。

▦ 謊言

在溝通中，對方提到的情況與真實情況不一致的時候還是很常見的。從界限分明的角度來說，我們可以將其稱為謊

言，但有時謊言也無傷大雅。比如，我去逛古玩市場時看到一個青花瓷筆筒，賣家給我的報價是五百元，並且跟我說，這個筆筒進價是四百五十元，他賣五百元就只賺了我五十元。這種話一般都是不可信的，我們聽聽即可。但我們不能因此就說這個人不誠實、不可靠，必要時我們還是會跟他繼續交易。這就是地攤文化，也是討價還價文化的一部分，在大多數情況下我們都不會覺得這種謊言很冒犯人。

可是，如果把這種溝通搬到一個非常嚴肅的企業併購的談判桌上，並開出一個「誠心誠意」的報價，但在後面的談判中又不斷變換價格，我們就會覺得對方沒有誠意。對方開高價、還低價，這不算是謊言，但如果開了一個高價，還口口聲聲說這是「最低價」，這就屬於謊言了。這樣說的壞處，就是讓「最高」和「最低」這類形容詞在溝通對象眼裡失去了力量。在溝通其他問題時，如果再用「最高」和「最低」來表示，就無法再對對方產生作用，它會嚴重傷害到出價者的權威和誠信。

所以，談判中有討價還價很正常，我們可以說這個價格太高或太低了，我沒辦法接受，我們再繼續談談。除非我們出的最低價或最高價是事實，否則就不要提「最低」和「最高」這樣的詞。

在一些重要的溝通中，不誠信的陳述和謊言還是很多的。比如在找工作時，公司最初的職位描述，與我們最終進入這間公司開始工作後，看到和體會到的往往會有很多不同。在買東西時，買方經常說，我去問了別人的價格，人家賣得比你便宜，這也可能不是真實情況。那麼，我們到底該怎樣應對溝通中的謊言，或者如何拒絕謊言呢？

首先，我們能做的就是讓別人盡量不對我們撒謊。要做到這一點，我們就要提前做好充分準備，將各種資訊收集全面、完整，這樣在溝通時，我們才能表現出對溝通內容的充分了解，對方也就不敢直接對我們撒謊了。

其次，如果一時無法分辨對方陳述的內容是真是假，我們也可以透過問問題的方式來判斷一下對方說的是不是真實情況。要知道，當對方擁有一個立場時，其背後也一定會有對某種利益的訴求，這時我們就得「拆開立場的包裹」，找到對方具體的利益訴求。

談判有一個「更高權威」策略，它指的是在談判過程中，如果雙方已經敲定了一個條件，但對方忽然說，我們之前敲定的條件被上級否定了。這時，我們就要問對方：「您說的是哪一位？」對方可能回答的是「我們主管」，我們可以繼續問：「你們主管我也認識幾個，是你們的部門經理，

還是副總？請問他的原話是怎麼說的呢？」

　　在類似的詢問中，我們用探討的、想要解決問題的態度去詢問細節。如果真的是被對方上級否定的，對方也一定會如實回答，甚至會跟我們一起想辦法，比如回覆我們說：「那天我跟李總報告了我們的溝通結果，李總認為不行，我也很為難，我們還得想想其他辦法。」但如果對方在說謊，可能一上來就直接拿出一個推翻之前談好內容的立場，比如對我們說：「上級不同意，我也沒辦法。」而最終問題怎麼解決，他並不關心，也沒有要繼續與我們合作的態度。這時背後可能就另有隱情，我們也不得不想其他辦法來進行進一步的溝通。

常見的「髒招」

　　所謂「髒招」，指的是溝通中一些見不得人的把戲。這類情況在溝通談判中十分常見，我們對此一定要保持警覺，不要掉入對方為我們設下的陷阱。

　　一般來說，溝通中常見的「髒招」包括以下幾種。

1. 在不通知一方的情況下私自修改文本

這種情況分為兩種，一種是對方十分不專業，不知道應

該把修改部分都在合約裡標記出來;另一種情況就是對方很專業,卻故意含糊其詞地跟我們說:「也沒什麼修改,跟上一稿的意思一樣,我們可以直接簽。」如果仔細看一下,我們會發現對方有修改。但當我們提出來後,對方可能又會說:「確實改了一點,但不影響合約的基本原則。」

實際上,對方的第二種做法就是不對的,或者是嚴重不專業的。因為需要雙方簽訂的合約,每一條都需要雙方確認,不能單方面修改。這就提醒我們,在合約交到我們手裡後,我們一定要再確認一下文本,確保對方沒有修改,或者把修改部分都標記出來了。

2. 一方內部用對方聽不懂的語言交談

這種情況是說,對方團隊裡有會講方言的人,他們就會在我們聽不懂的情況下,用自己的方言互相交流。這其實是一種不太禮貌的行為。溝通中說方言並不是不行,如果一定要用方言溝通,或者認為這樣更有效率,也應該事先跟自己的溝通對象打個招呼。

我們在跟外國人溝通時,偶爾我也會說,我想跟客戶用中文討論一件事情,這樣效率更高。這樣是沒問題的,因為我們用自己的母語交流確實能表達得更清楚、更順暢。但

是，我們不能正在跟外國人用外語交談，忽然說著說著，就改用中文跟自己的同伴說話了。這就會給對方造成一種印象：我們在談論一件不想讓他們知道的事情，由此一來，就會影響雙方關係的建立和溝通的氣氛。

　　與此同時，如果與我們溝通的一方用另外一種我們聽不懂的語言交談時，等他們說完了，我們可以問問對方：「請問你們能不能幫我總結一下，你們剛才談了什麼內容？」這既是一種比較有節制的抗議，也是一種對他們交談內容的探詢。如果我們這樣詢問，對方有些尷尬，或者表現出不一致的態度，如一方欲言又止，一方則說「我來說吧」，這恰恰說明他們說了一些不太想讓我們知道的事情。

3. 作為客場，被安排在不利位置

　　作為客場，我們需要到別人的地盤上去談判，有時我們發現，自己或者被安排在了一個很晒的位置上，或者是在植物、柱子的旁邊，視線很不好，或者到了用餐時間，對方為自己人安排了餐飲，卻沒有為我們安排。這些都會讓我們處於一種不利的談判地位。

　　出現這類情況，一種原因是對方考慮不周，另一種原因就是故意的，想藉由這種方式「逼迫」我們迅速結束談判。

　　想防止以上情況出現，我們就要提前做好後勤準備工作。尤其是在應對一場重要的溝通談判時，自己要準備一些食物、水、藥物等必備物資，不要被對方拿捏住，影響了談判效果。

4. 現場情況出人意料

　　這種情況是說，對方邀請我們見面商量一件事，只說是隨便聊聊，然而等我們到達現場時，卻發現對方把律師也帶來了。我們沒有律師在身邊，溝通起來就會非常被動。這時，我們最好馬上從這場談話中退出，並告知對方：「等我們下次也帶上律師後再溝通吧！」

　　還有類似的情況，比如到了會場才發現場地布置得與我們想像的大相逕庭。

　　我曾經歷過一次談判，是陪同一家國外投資公司一起前往西部某個城市洽談一個專案，對方是當地一個半官方機構，這也是雙方的第一次接觸。然而等我們到達會場後發現，該機構在會場中間拉了一個橫幅，上面寫的內容是該機構與我的客戶公司的簽約儀式。我馬上找到會場負責人，告訴他不能這樣寫，因為這只是雙方初次見面，還不

到簽約儀式的階段，我們不會在一個高懸著簽約儀式的橫幅下面去洽談這件事。

雖然這可能不是對方故意的，但這種行為很不得體，甚至有些魯莽。後來對方將橫幅摘下來後，我們才進行溝通，最終也確實談得還算愉快，簡單地簽訂了一個意向書。在簽意向書時，我們也配合對方，讓對方掛上了橫幅。由於我們簽的是沒有約束力的意向書，所以也可以稱為「簽約儀式」。當雙方關係融洽，溝通也比較順暢時，這些是可以互相配合的。

5. 故意遲到或中途退場，耗費溝通對象的精力和耐心

有些時候，雙方約定好溝通時間，但一方按時到場後，另一方卻遲遲不到；還有些時候，在溝通進行過程中，對方說要跟自己人出去商量一下，結果一去不復返，好幾個小時不回來。這些行為都是非常不禮貌的。一般來說，要進行一次溝通或參加一場會議，最好能夠提前十分鐘左右到場。遲到肯定是不好的，但如果到達時間太早，則會顯得我們有些緊張。

這裡也存在一個文化差異問題。我一位巴西的律師朋友跟我說，在他們的時間觀念裡，開會談判遲到三四十分鐘都

是正常的。比如約好十點開會，那麼大家都會心照不宣地認為，這個會應該在十點半至十點四十分才能開始。這樣的情況，就不算是什麼「髒招」了。

▓ 不忘初心的提醒

　　雖然溝通中的陷阱和誤區很多，我們也要盡量避免和遠離，但溝通最終還是要回到利益調整和需求滿足這個核心理念上來。我們要始終記得，溝通的最終目的不是論輸贏。真正能夠完全說服別人，把別人變成與我們的想法一致的情況是非常少的。所以，我們不要把關鍵性溝通理解為一場說服，也不要將其理解為一場你輸我贏的鬥爭。只要我們的利益實現了、需求滿足了，那就是成功的溝通；只要雙方的利益和需求都滿足了，那就是創造價值的溝通。我們要針對和解決的永遠都是如何把蛋糕做大，如何創造更多的價值來推進溝通，而不是求勝占上風，或者占對方的便宜。

　　總而言之，面對任何溝通，我們都要做到不忘初心。即使我們學習了很多溝通知識，進行了各式各樣的溝通能力練習，但本質上我們仍然要做個真誠的人，能夠清楚明確地表達自己的需求；我們也要做個具有同理心的人，願意去滿足別人合理的需求，以換來別人可以滿足我們的需求。這樣的

人，才是真正的溝通高手。如果一個人總是被各種話術和技巧裹挾，甚至在溝通對話中大玩各種「髒招」，那麼他所製造的話術最終也只會將自己吞噬，即使滿足了一時的需求，也很難獲取長久的利益。

後記
系統性成長，發展出個人的溝通風格

　　整本書看到這裡，相信你已經成長為一個關鍵性溝通的高階練習者了。還記得在開始階段介紹關鍵性溝通的系統和核心理念時，我們不斷強調兩句話：一是溝通能力是一種複合能力，不是會說話、口齒伶俐就是會溝通；二是關鍵性溝通的核心理念在於利益的實現和需求的滿足，只有圍繞溝通雙方的利益展開工作，為了滿足需求而尋找解決方案，才能完成一場關鍵性溝通。在開始階段，你只需要記住一句話：剝開立場看利益。

　　在第二個階段，我們從六角溝通法出發，逐一講解了構成關鍵性溝通能力的各項本領。其中，表達能力和思維能力構成了六大能力模組的前兩種能力，它們代表的是我們自身的能力；對人的認知能力、交換和創造價值能力以及策略和賽局能力是另外三種能力，它們代表的是我們與對方互動的能力；最後的外交能力，是與他人有關的能力。這六種能力是一個人溝通能力的核心基本功，在學習這些基本功的過程

中，我們還向大家提供了多項工具、模型、思維方式等，以便大家可以在溝通過程中更好地運用這六種能力。

在最後階段，我們重點講解了關鍵性溝通的核心理念和六大能力在不同場景、不同挑戰環境下的綜合應用。任何一場溝通都會有前期準備和過程控制，在此過程中，我們一起拆解了馬拉松式對話、僵局對話、壓力對話等各種難題及應對方法。與此同時，我們還要學會識別和把握不同文化差異和情緒中的溝通問題，避免陷入溝通中的陷阱和誤區，破解溝通中的那些「髒招」和無良對話。

學習並掌握了以上溝通知識後，我們便稱得上是一個已經入門的高階溝通者了，但是未來，我們還要繼續努力，爭取在以下這些方向上不斷延展、不斷提升自己。

第一，始終記得關鍵性溝通能力是複合能力，要從各種學科和知識中豐富自己的頭腦儲備。對於我們在書中講過的，如表達能力、邏輯能力、心理學、賽局理論、外交學等，不論我們對哪一門學科感興趣，都要盡可能地去尋找相關資料閱讀，不斷地深入學習。

第二，要掌握我們在不同能力下介紹的各種工具、模型、清單、思維方式等，但也不要拘泥於這些工具，因為這些只是提升溝通能力最基礎的工具。在運用過程中，我們可

以不斷變化、改造、提升，加深對這些工具的理解，並更好地將它們運用到切合自己工作和生活的場景之中。

　　第三，要從自己的工作和生活中不斷發現新的案例、新的榜樣。掌握了關鍵性溝通的多種能力，以及在不同場景下如何運用各種能力推動溝通，表明我們已經是溝通的專業人士了。為此，我們更應該運用溝通的專業視角去觀察和記錄工作、生活中所發生的對話，知道什麼樣的話說得到位，因為正中對方需求；知道什麼樣的會開得好，因為準備足夠充分；知道哪個僵局解得巧妙，因為改變了重要的溝通參數設定。這些對話，別人可能看得懵懵懂懂，而我們卻要看得明明白白，並且在遇到好的案例時及時記錄下來，提煉出其中的精彩部分，必要時為己所用。

　　第四，我們津津樂道的那些關鍵性溝通之所以豐富又精彩，是因為它們充分體現了溝通者的個人風采。無論是基辛格還是賈伯斯，他們的個人魅力和溝通風采都是緊密結合在一起的。為此，我們也要努力發展出突顯個人特色的溝通風格，尤其是要發現自己的優點，比如我們有很強的邏輯能力，或者特別有同理心，或者對他人需求非常敏感，等等。無論優點是什麼，我們都可以將其結合到自己的表達風格當中，讓別人一聽到這些話，就知道只有我們才說得出來。

　　第五，從提升個人工作能力的角度出發，發展個人的溝通風格，還要把自己放到團隊中去發展。在工作中，我們大部分的溝通面對的都是隊友，我們在這個團隊中哪項能力突出，就可以從這個角度去提升自己，補強團隊。比如，在一個溫和敏捷的團隊中，我們既可以是最快發現問題的敏捷隊員，也可以是總能體察對方以情動人、以需求勸導人的隊員，還可以是堅持原則、敢於硬碰硬的隊員。總之，無論我們的個人風格是什麼，都可以找到適當的角度和切口，將自己融入團隊，在團隊中更好地發揚自己的風格和特長，在各種複雜和充滿挑戰的場景中都能夠從容不迫、樂觀耐心，有自信、有辦法，最終實現個人的快速成長。

　　第六，我希望我們還能跳出關鍵性溝通，反觀一下語言的局限性。維根斯坦曾說：「我的語言的界限意味著我的世界的界限。」[9]語言是一種工具，它讓人類從眾多地球動物中脫穎而出，成為主宰生物，但是，語言也帶給了人類許多局限和偏見，人類因為語言變得深刻，也因為語言變得膚淺。我們都有語言無法表達的情感，世界也有語言無法形容的宏大和細膩。所以，在學習溝通對話的過程中，我們始終不要

9 路德維希・維特根斯坦（1996）。《邏輯哲學論》。載於 85 頁。北京：商務印書館。

忘記語言的局限性。有時，話說得再好，也不能解決所有問題，更不能解決生命最根本的問題。

老子說：「大音希聲。」意思是說，最宏大的聲音往往是無聲之音。莊子則說：「天地有大美而不言，四時有明法而不議，萬物有成理而不說。」在整部《莊子》裡，真正的至聖是一個字都不說的，比如一開篇《逍遙遊》裡的鯤鵬。

《五燈會元・七佛・釋迦牟尼佛》上記載，佛祖世尊在靈山法會上，拈起一朵花給大家看，所有人都默然無語，不明白這是什麼意思，只有迦葉尊者破顏微笑。佛祖說：我有正法眼藏，涅槃妙心，實相無相，微妙法門，不立文字，教外別傳，付囑摩訶迦葉。可見，有時一個笑容，就勝過千言萬語。

我們都是普通人，做不到不說，但我們說什麼都要盡可能地帶著真和誠。孔子說：「巧言令色，鮮矣仁。」所以，他鼓勵君子要「訥於言而敏於行」。這些先哲的教誨，都是我們在學習關鍵性溝通過程中，以及在日常的工作和生活交流的時候，始終不能忽略的底色。

致謝

感謝中信出版集團，尤其是趙輝、李怡霏兩位老師的支持，把充滿了口語表達的一門影音課，變成符合文字閱讀習慣的一本書。

感謝嗶哩嗶哩的小夥伴：草草、駿立、珊珊，在他們的啟發和安排下，才有了這門關於溝通的課程。

感謝君合，讓我有機會參與並見識了許許多多場關鍵性溝通，領略了無數令人稱道的溝通智慧。

感謝 Multilaw Academy，使我在更廣闊的世界裡頭，觀察、思考並實踐著在不同文化和背景下的交流和溝通，讓我更加深刻地理解溝通的紛繁表象與人的需求這一底層實質之間的關係。

感謝家人和親友，在恆河沙數的日常對話中，我們一同參悟著溝通的禪機。特別感謝我的女兒，讓我在陪伴她成長的過程中，把如何說話重新學習了一遍。

參考文獻

[1] 羅伯特・西奧迪尼（2015）。影響力。杭州：浙江人民出版社。

[2] 西蒙・霍爾頓（2021）。如何成為談判專家：快速掌握談判心理學和談判軟技能。北京：人民郵電出版社。

[3] 亨利・基辛格（2022）。大外交。海口：海南出版社。

[4] 錢其琛（2003）。外交十記。北京：世界知識出版社。

[5] 布棉，崔曉玲（2022）。做課。北京：中信出版社。

[6] 馬歇爾・盧森堡（2021）。非暴力溝通。北京：華夏出版社。

[7] 唐家璿（2009）。勁雨煦風：官方的外交闡述。北京：世界知識出版社。

[8] 高杉尚孝（2020）。麥肯錫教我的談判武器。鄭州：大象出版社。

[9] 迪帕克・瑪爾霍特拉，馬克斯・巴澤曼（2020）。哈佛經典談判術。成都：四川人民出版公司。

[10] 羅傑・費希爾，布魯斯・巴頓，威廉・尤里（2012）。談判力。北京：中信出版社。

[11] 弗洛里安・韋（2022）。談判的邏輯。成都：四川人民出版社。

[12] 馬蒂亞斯・施漢納（2019）。絕地談判：掌控談判的七大原則。杭州：浙江人民出版社。

[13] 馬蒂亞斯・施漢納（2020）。絕地談判2：代價高昂的7個談判錯誤。杭州：浙江教育出版社。

[14] 蓋溫・甘迺迪（2022）。談判：如何在博弈中獲益更多。北京：中信出版社。

[15] 羅傑・道森（2022）。優勢談判：適用於任何場景的經典談判。北京：北京聯合出版公司。

[16] 詹姆斯・K・塞貝紐斯，R・尼古拉斯・伯恩斯，羅伯特・H・姆努金（2020）。基辛格談判法則。長沙：湖南文藝出版社。

[17] 斯圖爾特・戴蒙德（2012）。沃頓商學院最受歡迎的談判課。北京：中信出版社。

[18] 丹尼爾・夏皮羅（2019）。不妥協的談判：哈佛大學經典談判心理課。北京：中信出版社。

[19] 亨利・基辛格（2016）。白宮歲月：基辛格回憶錄。上海：上海譯文出版社。

[20] 劉潤（2018）。5分鐘商學院。北京：中信出版社。

[21] 古典（2017）。躍遷：成為高手的技術。北京：中信出版社。

[22] 喬希・維茨金（2017）。學習之道。北京：中國青年出版社。

[23] 毛澤東（1991）。毛澤東選集。北京：人民出版社。

[24] 司馬遷（2014）。史記。北京：中華書局。

[25] 劉向（2022）。戰國策。北京：中華書局。

[26] 莊子（2022）。莊子。北京：中華書局。

[27] 李零（2022）。喪家狗。北京：中華書局。

[28] 陳波（2015）。邏輯學是什麼。北京：北京大學出版社。

[29] 彼得・德魯克（2009）。管理的實踐。北京：機械工業出版社。

[30] 彼得・德魯克（2005）。卓有成效的管理者。北京：機械工業出版社。

[31] 陳海賢（2019）。了不起的我。北京：台海出版社。

[32] 李松蔚（2022）。5% 的改變。成都：四川文藝出版社。

[33] 西爾維婭・娜薩（2018）。美麗心靈：納什傳。上海：上海科技教育出版社。

[34] 唐納德・特朗普（1991）。做生意的藝術：特朗普傳。北京：企業管理出版社。

[35] 芭芭拉‧明托（2019）。金字塔原理：思考、表達和解決問題的邏輯。海口：南海出版公司。

[36] 艾森‧拉塞爾法（2020）。麥肯錫方：用簡單的方法做複雜的事。北京：機械工業出版社。

[37] 釋普濟（2022）。五燈會元。北京：中華書局。

[38] 勞倫斯‧萊特（2017）。九月的十三天：卡特、貝京與薩達特在大衛營。北京：社會科學文獻出版社。

[39] 道格拉斯‧斯通，布魯斯‧佩頓，希拉‧漢（2011）。高難度談話。北京：中國城市出版社。

[40] 沃爾特‧艾薩克森（2014）。史蒂夫‧喬布斯傳。北京：中信出版社。

[41] 彼得‧考夫曼（2021）。窮查理寶典：查理‧蒙格智慧箴言錄。全新增訂版。北京：中信出版社。

[42] 戴爾‧卡耐基（2016）。人性的弱點。南京：譯林出版社。

[43] 亞伯拉罕‧馬斯洛（2022）。動機與人格。杭州：浙江人民出版社。

[44] 岸見一郎，古賀史健（2021）。被討厭的勇氣。北京：機械工業出版社。

[45] 艾‧里斯，傑克‧特勞特（2017）。定位：爭奪用戶心

智的戰爭。經典重譯版。北京：機械工業出版社。

[46] 老舍（2010）。茶館。海口：南海出版公司。

[47] 張月姣（2020）。我的人生路：張月姣大法官自傳。南京：江蘇人民出版社。

高寶書版集團
gobooks.com.tw

RI 391
發揮最佳影響力的六角溝通法：掌握對話底層邏輯，實現共同利益

作　　者	史欣悅
責任編輯	林子鈺
封面設計	林政嘉
內頁排版	賴姵均
企　　劃	陳玟璇
版　　權	張莎凌

發 行 人	朱凱蕾
出　　版	英屬維京群島商高寶國際有限公司台灣分公司
	Global Group Holdings, Ltd.
地　　址	台北市內湖區洲子街 88 號 3 樓
網　　址	gobooks.com.tw
電　　話	（02）27992788
電　　郵	readers@gobooks.com.tw（讀者服務部）
傳　　真	出版部（02）27990909　行銷部（02）27993088
郵政劃撥	19394552
戶　　名	英屬維京群島商高寶國際有限公司台灣分公司
發　　行	英屬維京群島商高寶國際有限公司台灣分公司
法律顧問	永然聯合法律事務所
初版日期	2024 年 10 月

國家圖書館出版品預行編目（CIP）資料

發揮最佳影響力的六角溝通法：掌握對話底層邏輯，實
現共同利益 / 史欣悅著 . -- 初版 . -- 臺北市：英屬維京群
島商高寶國際有限公司臺灣分公司, 2024.10
　　面；　　公分 . --（致富館；RI 391）

ISBN 978-626-402-106-7(平裝)

1.CST: 溝通技巧　2.CST: 說話藝術

177.1　　　　　　　　　　　　　　113014549